Deutschbuch

Erweiterte Ausgabe

Arbeitsheft 7

Arbeitstechniken
Texte schreiben
Texte verstehen
Grammatik
Rechtschreibung
Lernstandstest

Herausgegeben von
Andrea Wagener

Erarbeitet von
Friedrich Dick,
Agnes Fulde,
Marianna Lichtenstein und
Toka-Lena Rusnok

Name: ______________________________

Klasse: ____________

Cornelsen

Autoren- und Quellenverzeichnis

S. 8: Curiosity – Roboter mit extremen Aufgaben. Nach: Kienle, Dela: Abenteuerliche Missionen. Roboter mit extremen Aufgaben. GEOlino extra. S. 16 ff. – **S. 24:** Sardar, Hamid: Horiks Reise ins Tal des Goldes. Aus: GEOlino 03/2007, S. 36 ff. – **S. 30:** Auer, Martin: Herr Balaban und seine Tochter Selda 177. Aus: Herr Balaban und seine Tochter Selda. 222 Geschichten. Beltz & Gelberg, Weinheim/Basel 2002, S. 124 f. – **S. 32:** Hebel, Johann Peter: Ein Wort gibt das andere. Aus: Poetische Werke. Winkler Verlag, München 1961, S. 153 f. – **S. 33:** Hebel, Johann Peter: Der Star von Segringen. Nach: Schatzkästlein des rheinischen Hausfreundes. Hg. v. Theiss, Winfried. Reclam, Stuttgart 1999, S. 223 f. – **S. 37:** Heine, Heinrich: Die Lorelei. Aus: Gesammelte Werke. Bd. 1: Gedichte I. Hg. v. Harich, Wolfgang. Aufbau, Berlin 1951, S. 183 f. – **S. 48:** Explosionen am Himmel. Nach: Fünfmal staunen über Feuerwerk. http://www.geo.de/GEOlino/technik/gib-mir-fuenf-fuenfmal-staunen-ueber-feuerwerk-79387.html [30.09.2015] – **S. 52:** Süddeutsche Zeitung: Herr Joha, Sie sind heute ... Nach: Interview „Man muss als Stuntman einfach wissen, wann Schluss ist" vom 11. Mai 2010. http://www.sueddeutsche.de/sport/interview-man-muss-als-stuntman-einfach-wissen-wann-schluss-ist-1.715383 [01.10.2015] – **S. 92:** Röder, Annette: Wie sich der Eisbär mit den Tieren versöhnte (Sibirisches Märchen). Aus: Wie süß das Mondlicht auf dem Hügel schläft. München 2013, S. 78 – **S. 94:** Lloyd-Jones, Robin: Essen mit Pipaluk und Qortoq in der Arktis. Aus: Red Fox und der weiße Bär. Dressler Verlag, Hamburg 2008, S. 142 ff. – **S. 108:** Köckritz, Angela: Hallo, ich bin Dongdong – Leben in der Hauptstadt Chinas. ZEIT ONLINE vom 7. März 2013. http://blog.zeit.de/kinderzeit/2013/03/07/hallo-ich-bin-dongdong_13647 [22.10.2015] – **S. 112:** Angaben im Diagramm nach www.china-reisefuehrer.com [14. 12. 2015]

Bildquellenverzeichnis

S. 5: Fotolia/astrosystem – **S. 7:** Corbis/Zhang Jun/Xinhua Press – **S. 8 links:** picture-alliance/dpa-infografik, **rechts:** Corbis/Nasa/Jpl-Caltech/Albuquerque Journal – **S. 12:** action press/THÜRINGEN PRESS – **S. 14:** akg-images/Erich Lessing – **S. 24, 25, 27:** Corbis/Hamid Sardar – **S. 29 oben:** Fotolia/Roland Brack HeckePics, **2. Foto von oben:** Fotolia/Delphotostock, **3. Foto von oben:** Acon Cheng/Shutterstock, **unten:** Carlos Borrell Eiköter, Berlin – **S. 39:** Fotolia/Kushnirov Avraham – **S. 41:** Naeblys/Shutterstock – **S. 44:** corbac40/Shutterstock.com – **S. 45:** Corbis/Arctic-Images – **S. 46 oben:** juniors@wildlife/Sarti, A., **Mitte:** imago/All Canada Photos, **unten:** BMJ/Shutterstock – **S. 47:** Fotolia/Vadimsadovski – **S. 48:** Fotolia/Thaut Images – **S. 51 oben:** imago/Jens Koehler, **unten:** Corbis/Jamie Budge – **S. 52:** picture-alliance/Sven Simon – **S. 53:** Corbis/Lowell Georgia – **S. 58:** Fotolia/Pavlo Burdyak – **S. 59:** James Scott: James Watt as a young man, 1769. © Glow Images/Heritage Images RM – **S. 62:** Fotolia/Frederic Faure – **S. 64 oben:** juniors@wildlife/Photoshot, **unten:** mauritius images/Alamy/Anthony Pierce – **S. 65:** Ferenc Szelepcsenyi/Shutterstock – **S. 66 links:** Fotolia/Mariusz Blach, **Mitte:** Fotolia/markim, **rechts:** action press/REX FEATURES LTD. – **S. 67:** PhotoStock10/Shutterstock – **S. 68 links:** Fotolia/Kasia Bialasiewicz, **Mitte:** Fotolia/Afrika Studio, **rechts:** Fotolia/wmedien – **S. 69:** mauritius images/Alamy/liszt collection – **S. 70:** Glow Images/Heritage images RM – **S. 71:** Fotolia/bitter – **S. 72 links:** WILDLIFE/B.Kenney, **rechts:** Juniors/ Oasis – **S. 74:** Fotolia/ecco – **S. 75:** Norma Cornes/Shutterstock – **S. 83:** JASPERIMAGE/Shutterstock – **S. 85:** action press/LEHTIKUVA OY – **S. 95:** Fotolia/Jutta Adam – **S. 97:** Fotolia/beawolf – **S. 101:** Fotolia/grafikplusfoto – **S. 102:** mauritius images/Garden World Images – **S. 103:** Colourbox/Mats Ljungberg – **S. 104 oben:** Fotolia/andriigorulko, **unten:** Fotolia/Heike Rau – **S. 105:** Fotolia/debiv – **S. 106:** Fotolia/hotgreenscreen – **S. 107:** Fotolia/sehlavie – **S. 108:** Fotolia/wusuowei – **S. 112:** TonyV3112/Shutterstock

Impressum

Redaktion: Annika Kusumi

Coverfoto: Thomas Schulz, Teupitz

Illustrationen:
Maja Bohn, Berlin: S. 30–32, 34
Eva Czerwenka, Straubing: S. 37
Christiane Grauert, Milwaukee (USA): S. 42, 43, 49, 56, 57, 60, 61, 63
Susanne Kuhlendahl, Tönisvorst: hinterer innerer Umschlag
Jutta Melsheimer, Berlin: S. 29
Josep Rodés Jordà, Murnau: S. 19, 20, 23, 76, 79, 80, 92, 96, 98
Christa Unzner, Berlin: S. 16, 17

Layoutkonzept: werkstatt für gebrauchsgrafik, Berlin
Layout und technische Umsetzung: beluga grafikbüro Ines Schiffel, Berlin

www.cornelsen.de

Druck: Parzeller print&media GmbH&Co. KG, Fulda

Ausgabe ohne Übungs-CD-Rom
1. Auflage, 1. Druck 2016
ISBN 978-3-06-062948-0

Ausgabe mit Übungs-CD-Rom
1. Auflage, 1. Druck 2016
ISBN 978-3-06-062954-1

PEFC
PEFC/04-31-1308

PEFC zertifiziert
Dieses Produkt stammt aus nachhaltig bewirtschafteten Wäldern und kontrollierten Quellen.

www.pefc.de

Fach

Klasse 7

Arbeitsplan von____________________ Zeitraum: von _________ bis _________

AP 7.1: „Kommasetzung"

Kompetenzen		Aufgaben			✓	SK	LK
Ich kann… …Kommas bei Aufzählungen, in Satzreihen sowie Satzgefügen richtig setzen.	**B**	⚀ ⚁ ⚂	Schreibe die Infokästen der Seiten **102**, **103** und **104** aus dem **Arbeitsheft** in deinen Ordner ab.				
	✿	⚀	S. 102 Aufgabe 1 S. 103 Aufgabe 1 S. 104 Aufgabe 1	Info-kästen der Seiten 102, 103, 104			
		⚁	S. 102 Aufgabe 2 S. 103 Aufgabe 2 S. 104 Aufgabe 2	Info-kästen der Seiten 102, 103, 104			
		⚂	S. 102 Aufgabe 3 S. 103 Aufgabe 3 S. 104 Aufgabe 3	Info-kästen der Seiten 102, 103, 104			
	💡		Schreibe **je drei** eigene Beispielsätze mit der korrekten Kommasetzung a) bei Aufzählungen b) in Satzreihen SOWIE c) in Satzgefügen.				

Fach

Klasse 7

Arbeitsplan von____________________ Zeitraum: von _________ bis _________

AP 7.1: „Kommasetzung“

Kompetenzen		Aufgaben		(Hilfe)	✓	SK	LK
Ich kann... ...Kommas bei Aufzählungen, in Satzreihen sowie Satzgefügen richtig setzen.	**B**	⚀ ⚁ ⚂	Schreibe die Infokästen der Seiten **102**, **103** und **104** aus dem **Arbeitsheft** in deinen Ordner ab.				
		⚀	S. 102 Aufgabe 1 S. 103 Aufgabe 1 S. 104 Aufgabe 1	Info-kästen der Seiten 102, 103, 104			
		⚁	S. 102 Aufgabe 2 S. 103 Aufgabe 2 S. 104 Aufgabe 2	Info-kästen der Seiten 102, 103, 104			
		⚂	S. 102 Aufgabe 3 S. 103 Aufgabe 3 S. 104 Aufgabe 3	Info-kästen der Seiten 102, 103, 104			
			Schreibe **je drei** eigene Beispielsätze mit der korrekten Kommasetzung a) bei Aufzählungen b) in Satzreihen SOWIE c) in Satzgefügen.				

Inhaltsverzeichnis

Arbeitstechniken

Sprechen – Zuhören – Schreiben

Lesen – Umgang mit Texten und Medien

Grammatik

Rechtschreibung

Ich teste meinen Lernstand

Kennzeichnungen in diesem Arbeitsheft:

1 Aufgabe

Zusatzaufgabe

▸ Der Pfeil sagt dir, auf welcher Seite du etwas nachschlagen kannst.

Mit dem beigefügten Lösungsheft kannst du deine Arbeitsergebnisse selbst überprüfen.

Informationen recherchieren – Kometensuche

Information **Im Internet recherchieren**

Mit **Suchmaschinen** kannst du im Internet gezielt nach Informationen suchen.

- Nutze für deine Recherchen **Suchmaschinen für Kinder und Jugendliche,** z. B. www.fragfinn.de oder www.helles-koepfchen.de.
- Formuliere **Suchbegriffe,** die das Thema genau bezeichnen, z. B.: *Kometen, Gefahren.*
- Man kann auch mit **ganzen Sätzen** suchen. Setze die Sätze in **Anführungszeichen.** Diese **„Phrasensuche"** lohnt sich, wenn man eine bestimmte Aussage oder eine Liedzeile sucht.

1 **a Welche Information wurde hier gesucht? Betrachte die Seite einer Suchmaschine und formuliere den Suchauftrag als Frage.**

____

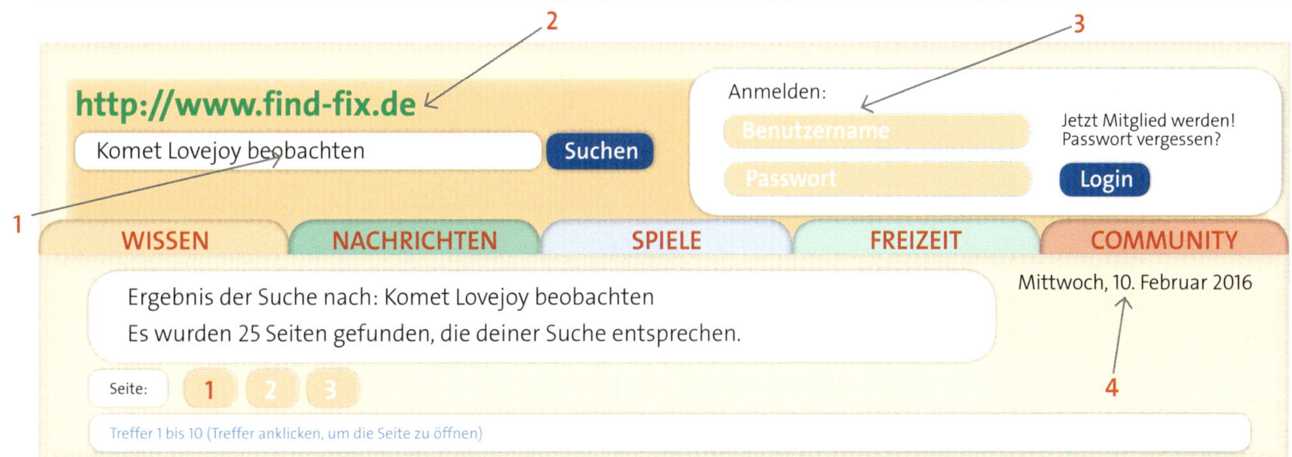

b Ordne die folgenden Begriffe den Ziffern auf der Suchmaschine zu.

☐ Internetadresse ☐ Eingabefeld für Suchbegriffe ☐ Nutzeranmeldung ☐ Tag des Zugriffs

2 **Mit welchen Suchbegriffen wurde der folgende Text vermutlich gefunden? Markiere drei Begriffe im Text.**

Treffer 4: Stern mit leuchtendem Schweif

Der Komet Lovejoy ist grün und hell. Demnächst wird er an der Erde vorbeirasen. Der grüne Schein des Kometen entsteht, wenn Sonnenlicht auf ein bestimmtes Teilchen in seiner Gas- und Staubhülle scheint.

Kometen sind Klumpen aus Gestein und Eis. Sie kreisen am kalten Rand unseres Sonnensystems. Wenn sie der Sonne zu nah kommen, tauen sie auf und zeigen manchmal einen langen Schweif.

In den Abendstunden wird Lovejoy am besten zu sehen sein. Allerdings muss das Wetter mitspielen: Zur Kometenbeobachtung ist ein möglichst wolkenfreier Himmel notwendig. Fachleute raten außerdem, sich zur Beobachtung mit einem Fernglas dorthin zu begeben, wo möglichst wenig Licht von Häusern und Straßenlaternen scheint, zum Beispiel auf ein Feld.

Lovejoy wurde übrigens nach dem australischen Hobbyforscher Terry Lovejoy benannt.

Methode **Informationen in einer Mindmap ordnen**

Mit einer **Mindmap** kann man Informationen aus einem Text **übersichtlich ordnen.**
- Schreibe das **Thema des Textes** in die Mitte eines großen Blattes Papier. Umrahme das Thema.
- Notiere die **Unterthemen** der einzelnen Textabschnitte rund um das Thema in der Mitte.

Verbinde Thema und Unterthemen durch dicke Äste.
- Notiere zu den einzelnen Unterthemen stichwortartig die **wichtigen Informationen.**

Verbinde Unterthemen und einzelne Informationen durch dünnere Äste.

3 Unterstreiche im Text „Stern mit leuchtendem Schweif“ (▶ S. 5) die Schlüsselwörter.

4 Vervollständige die folgende Mindmap mit Informationen aus dem Text:

a Worauf wird im Text zum Thema *Komet Lovejoy* eingegangen? Ergänze die Unterthemen.

b Notiere zu den vier Unterthemen stichwortartig wichtige Informationen. Verwende dabei die markierten Schlüsselwörter (▶ Aufgabe 3).

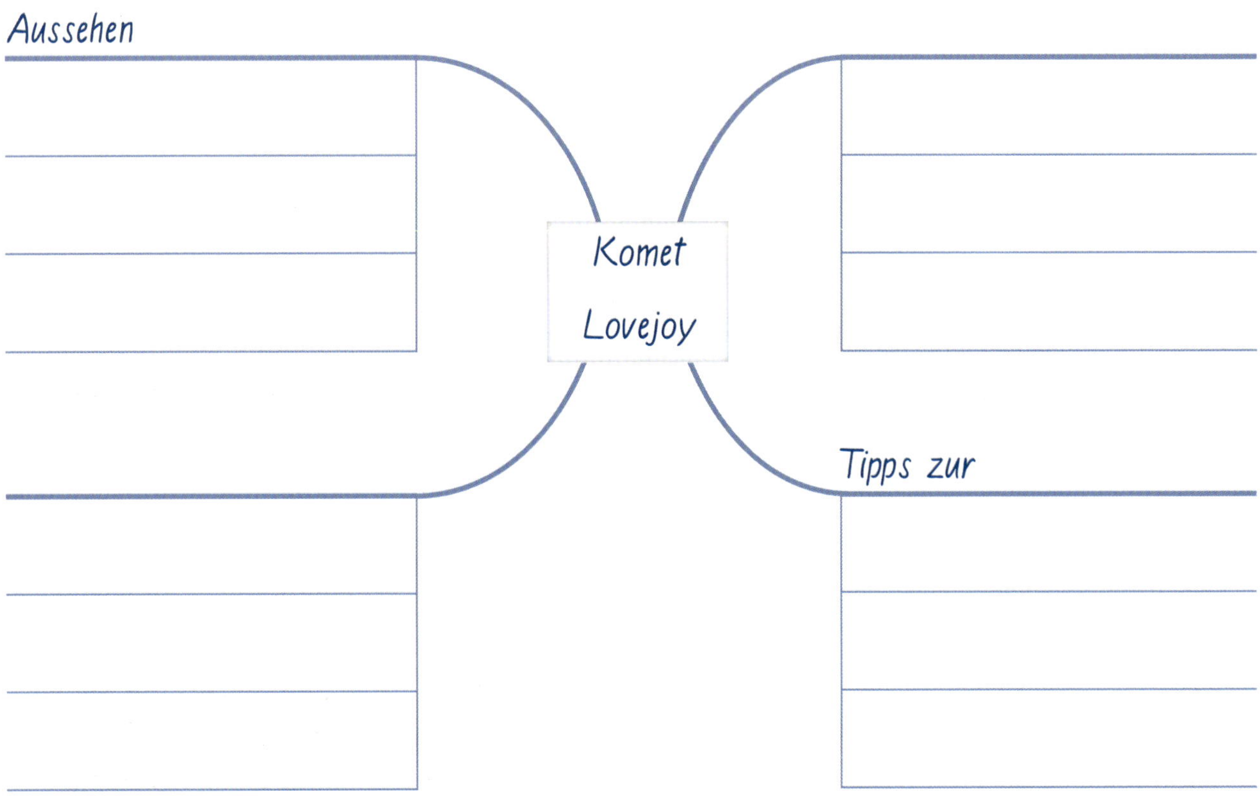

5 Sind Kometen gefährlich? Recherchiere diese Frage im Internet.

a Gib Suchwörter oder eine Phrase bei folgenden zwei Suchmaschinen ein und nutze eine weitere dir bekannte.

☐ www.helles-koepfchen.de ☐ www.fragfinn.de ☐ ____________________

b Kreuze an, mit welcher Suchmaschine du die besten Ergebnisse gefunden hast.

c Wähle einen passenden Treffer aus und notiere die Internetadresse und in Klammern das Datum des Tages, an dem du die Seite aufgerufen hast.

____

6 Ordne die Informationen zum Thema *Gefährlichkeit von Kometen* in einer Mindmap im Heft.

Einen Informationstext schreiben – Marsmission

Methode | **Einen Informationstext schreiben**

Ein **Informationstext** informiert **sachlich** und **gut verständlich** über Gegenstände, Personen oder Sachverhalte.

- **Einleitung:** Nenne das **Thema** des Informationstextes.
- **Hauptteil:** Formuliere in einer sinnvollen Reihenfolge **Informationen zu wichtigen W-Fragen** (Wer? Was? Wann? Wo? Wie? Warum?).
- **Schluss:** Fasse Informationen zusammen, ziehe ein **Fazit** oder formuliere einen **Ausblick.**
- Formuliere deinen Text **sachlich** und für die Leser **verständlich.** Du kannst die Leser auch direkt ansprechen.
- Verwende in deinem Informationstext die Zeitform **Präsens.**

1 **Im Wissen-Teil der Schülerzeitung sollst du deine Mitschüler über den Roboter „Curiosity“ informieren.**

a **Betrachte und lies die Materialien 1 bis 3 und bearbeite sie:**
– Unterstreiche Fachwörter, die du klären musst.
– Markiere wichtige Informationen zum Thema.
– Notiere Fragen oder Bemerkungen an den Rand.

b **Beschrifte die Abbildung in Material 1 mit den folgenden Fachwörtern.**

die Funkantenne • der Arbeitsarm • die Wetterstation • die Kamera • die Aluminiumräder

Material 1 Mobiles Wissenschaftslabor auf dem Mars

Die NASA-Mission „Mars Science Laboratory“ (MSL) schickte 2012 den Rover „Curiosity“ auf den Mars. Dieser sollte herausfinden, ob es Mikroorganismen auf dem Roten Planeten gibt oder gab.

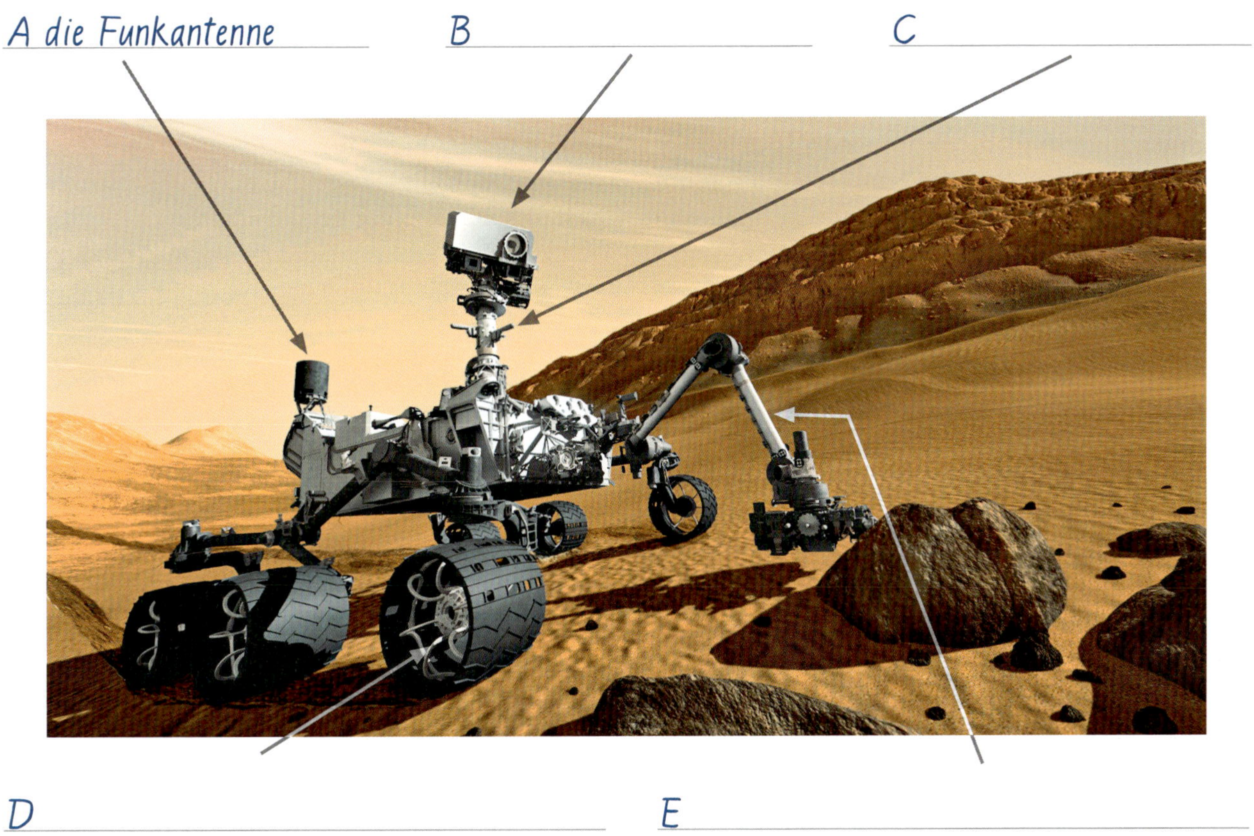

Material 2 Curiosity – Roboter mit extremen Aufgaben

Es ist der 6. August 2012. Mit grellem Feuerschweif rast die amerikanische Raumsonde „MSL" Richtung Mars, nähert sich der zerklüfteten Oberfläche. Seit acht Monaten ist die Sonde nun schon unterwegs, ihre aktuelle Geschwindigkeit: 21 000 Kilometer pro Stunde.

Stooopp! Bremsen! Sonst zerschellt das Raumschiff gleich – und mit ihm die kostbare Fracht im Inneren! Startklar wartet dort nämlich „Curiosity": der größte und modernste Roboter, der je zu einem fernen Planeten gereist ist. Curiosity soll erforschen, woraus der Mars besteht und ob es dort früher Leben gegeben haben könnte. Doch dazu muss die Kapsel jetzt erst einmal sicher landen. Da! Ein Fallschirm schießt nach oben und verlangsamt den rasanten Flug. Bremsraketen fauchen. Schließlich, knapp 20 Meter über der Marsoberfläche, löst sich der Roboter aus der Raumsonde. Curiosity seilt sich an Tauen aus Nylon ab, schwebt seiner neuen Heimat entgegen – und landet unbeschadet auf allen sechs Aluminiumrädern.

248 Millionen Kilometer entfernt, auf der Erde, jubeln in diesem Moment die Ingenieure und Wissenschaftler der US-amerikanischen Weltraumbehörde NASA. Viele Jahre lang haben sie an dem komplizierten Roboter getüftelt. Jetzt kann er seinem Namen endlich alle Ehre machen: Curiosity heißt – aus dem Englischen übersetzt – schließlich „Neugier".

Roboter sind hervorragende Abenteurer. Sie wagen sich dorthin vor, wo Menschen nicht hinkommen oder hinsollten: unter dickes Polareis, in brennende Tunnel, auf vermintes Gelände, um dort Sprengsätze zu entschärfen, oder eben in den Weltraum. Zur Erforschung fremder Planeten sind sie sogar viel geeigneter als Menschen. Extreme Temperaturen von minus 100 Grad Celsius und die energiereiche Strahlung der Sonne halten sie mühelos aus. Die Schwerelosigkeit im All lässt bei Astronauten die Muskeln schwinden, Roboter kümmern sich nicht darum. Sie werden auch nicht traurig vom langen Alleinsein, brauchen weder Sauerstoff noch Nahrung. Und kommt es während der Mission zu einem Unfall, führt das bei Robotern nur zu Blechschäden. Kurzum: Einer wie Curiosity hat es drauf.

Schon lange vor ihm sind mehrfach Roboter auf dem Mars gelandet. Doch sie konnten sich längst nicht so gut fortbewegen und hatten vergleichsweise einfache Instrumente an Bord. Curiosity hingegen ist überraschend wendig, auch wenn er fast so groß und schwer ist wie ein Kleinwagen. Ohne umzukippen holpert er selbst über 65 Zentimeter hohe Felsbrocken hinweg. Trotzdem legt er täglich im Durchschnitt nur 40 Meter zurück. Eilig hat er es nicht: Schließlich soll er den Mars gründlich erforschen.

Brrrrrr! Brummend dreht der Roboter seinen „Kopf", den er auf einem beweglichen Kameramast in die Luft reckt. Als „Gehirn" dient ein leistungsfähiger Computer. 17 „Augen", also verschiedene Kameras, helfen dem Roboter, sich auf dem fremden Planeten zurechtzufinden und genaue Bilder einzufangen. Zudem besitzt Curiosity einen beweglichen Arm samt Super-Forscherhand: Mit der kann er Sand auflöffeln und mehr als sechs Zentimeter tiefe Löcher in den Felsen bohren. Die feinen Gesteinsproben lässt Curiosity in sein Inneres rieseln. Dort finden Minilabore selbstständig heraus, woraus das Marsgestein besteht.

So beeindruckend die Ergebnisse sind – Curiositys Fähigkeiten haben ihre Grenzen. Daher tüfteln Ingenieure auf der Erde längst schon an einem Konkurrenten: Wenn alles gut geht, landet 2018 erstmals ein europäischer Roboter auf dem Mars.

Material 3 Curiositys Landung auf dem Mars

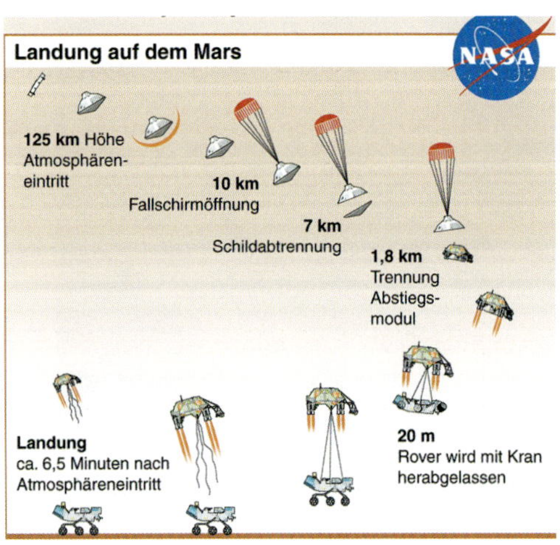

2 **Hast du den Inhalt der Materialien 1 bis 3 richtig verstanden?**

a Verbinde folgende Fachwörter aus den Materialien mit den zutreffenden Erklärungen.

A der Rover (M 1 und 3)	1 rätseln, überlegen
B Taue aus Nylon (M2, Z. 18–19)	2 mikroskopisch kleine Lebewesen
C die Mikroorganismen (M 1)	3 kleine Teile vom Boden (Sand, Staub, Steine)
D die Gesteinsproben (M 2, Z. 64)	4 geländegängiges Fahrzeug
E tüfteln (M 2, Z. 69)	5 besonders reißfeste Seile

b Prüfe die folgenden Aussagen und kreuze die richtigen an.

- [ ] A Der Roboter Curiosity wurde von der US-amerikanischen Weltraumbehörde NASA entwickelt.
- [ ] B Der Roboter soll untersuchen, ob es Lebewesen auf dem Mars gibt.
- [ ] C Die Raumsonde MSL hat acht Jahre gebraucht, um den Roboter zum Mars zu bringen.
- [ ] D Curiosity landete mit Hilfe eines Luftkrans auf der Marsoberfläche.
- [ ] E Der Roboter entnimmt Gesteinsproben und schickt sie direkt zur Erde.

c Welche Textstelle aus Material 2 wird in Material 3 veranschaulicht? Notiere die Zeilenangabe: ____________

3 **a Überlege, welche Fragen deine Mitschüler zum Thema *Marserkundung des Roboters „Curiosity“* haben könnten. Ergänze sie in der Mindmap.**

b Notiere stichwortartig die wichtigen Informationen zu den Fragen.

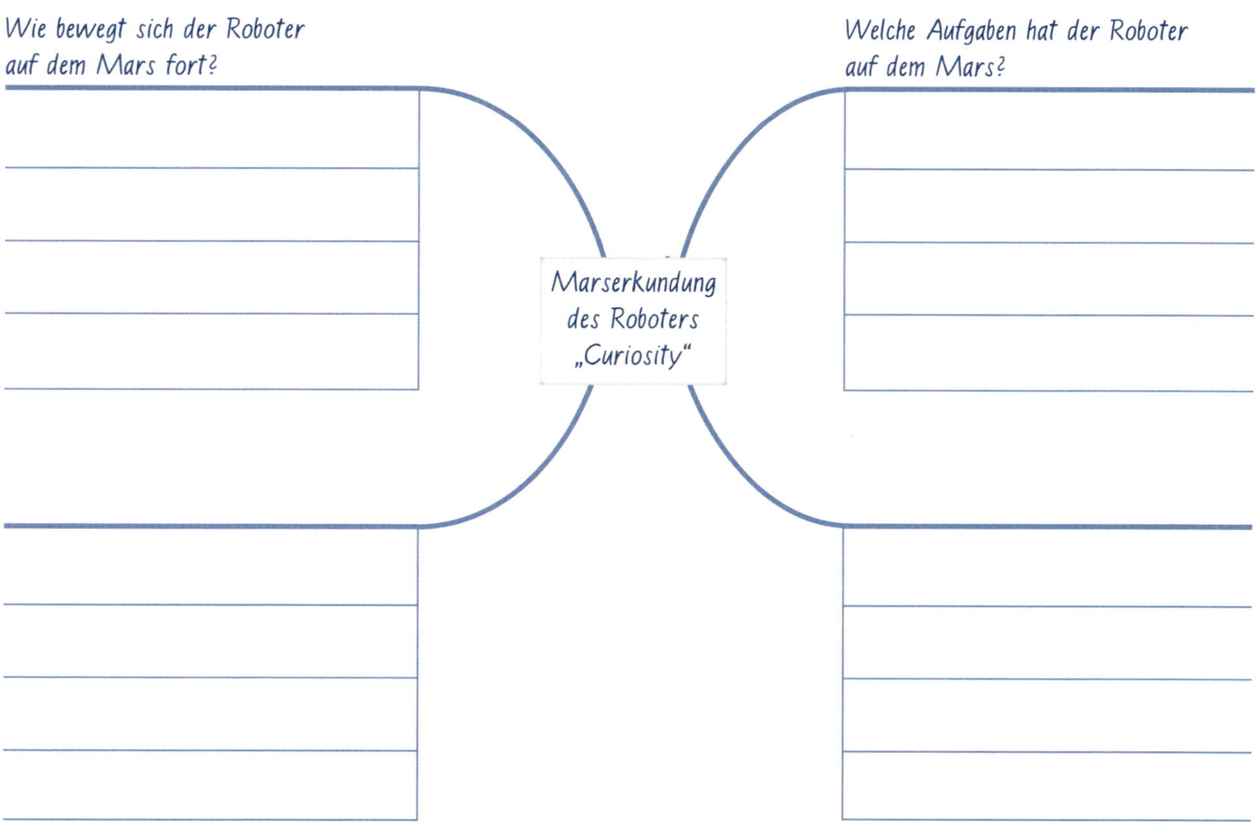

c In welcher Reihenfolge möchtest du in deinem Informationstext auf die Fragen eingehen? Nummeriere die Hauptäste der Mindmap.

4 **Notiere eine Überschrift für deinen Informationstext.**

____

5 **Formuliere die Einleitung und stelle darin das Thema vor. Wähle Textanfang A, B oder C und setze ihn fort.**

A *„Curiosity“ ist englisch und bedeutet „Neugier“. Was macht ein Roboter, der so heißt? Im folgenden Text möchte ich euch darüber aufklären, …*

B *Bestimmt habt auch ihr schon öfter von „Marsmissionen“ gehört oder gelesen. Der folgende Text soll euch darüber informieren, wie …*

C *Fragt ihr euch auch manchmal, ob es auf dem Mars vielleicht Lebewesen gibt? Genau das erforscht ein Roboter …*

____

____

____

____

____

____

____

6 **Wie formuliert man aus den Stichwörtern in der Mindmap einen Textabschnitt?**

a **Betrachte den folgenden Mindmap-Ausschnitt und vergleiche ihn mit den nebenstehenden Sätzen.**

b **Verknüpfe die Sätze: Setze passende Konjunktionen aus dem Kasten ein.**

weil • da • obwohl • während • wenn • damit • sodass • indem • denn • aber • sondern

Wie bewegt sich der Roboter auf dem Mars fort?

- *sehr wendig*
- *fast so groß und schwer wie Kleinwagen*
- *sechs Aluminiumräder*
- *kann über Felsbrocken fahren*
- *fährt langsam: 40 m pro Tag*

Marserkundung des Roboters „Curiosity“

Der Mars-Rover „Curiosity“ ist sehr wendig, ______________ er fast so groß und schwer wie ein Kleinwagen ist. ______________ er auch große Felsbrocken überwinden kann, verfügt er über sechs Aluminiumräder. Der Roboter fährt nur etwa 40 m pro Tag, ______________ er soll die Marsoberfläche gründlich erforschen.

7 **Formuliere den Textabschnitt zu der Frage *Welche Aufgaben hat der Roboter auf dem Mars?*. Verwende deine Notizen aus der Mindmap auf Seite 9.**

Der Roboter hat verschiedene Aufgaben auf dem Mars. Zunächst soll er herausfinden,

Weiterhin soll er untersuchen,

8 **Formuliere für den Informationstext einen passenden Schluss mit einer Zusammenfassung, einem Fazit oder einem Ausblick. Wähle dafür den Satzanfang A, B oder C und setze ihn fort.**

A *Zusammenfassend kann man sagen, dass ...*
B *Die Frage bleibt offen, ob/wie ...*
C *Bestimmt werden wir auch künftig ...*

9 **Schreibe mit Hilfe deiner Vorarbeiten aus den Aufgaben 3–8 einen vollständigen Informationstext über den Roboter „Curiosity“ ins Heft. Beantworte darin alle Fragen aus der Mindmap auf Seite 9.**

10 **a Überprüfe deinen Informationstext mit Hilfe der folgenden Checkliste. Überarbeite ihn, wenn nötig.**
b Markiere in deinem Text alle Wörter, mit denen du Sätze verknüpft hast.

Checkliste

Einen Informationstext schreiben

	☺	😐	☹
■ Hast du in der Einleitung das Thema genannt?			
■ Hast du in deinem Text alle Fragen beantwortet, die du dir notiert hattest?			
■ Hast du zum Schluss Informationen zusammengefasst, ein Fazit gezogen oder einen Ausblick formuliert?			
■ Passt die Überschrift zum gesamten Inhalt des Textes?			
■ Hast du Konjunktionen verwendet, um Zusammenhänge zu verdeutlichen?			
■ Hast du alle Informationen sachlich und für andere Schüler verständlich dargestellt?			
■ Hast du Fachwörter, die deine Leser vermutlich nicht kennen, erklärt?			

Personen beschreiben – Stars aus China

Methode **Eine Person beschreiben**

- **Einleitung:** Mache zu Beginn **allgemeine Angaben** zur Person (z. B. zu Geschlecht, Alter und Herkunft).
- **Hauptteil:** Beschreibe das **Aussehen der Person** im Detail in einer geordneten Reihenfolge, beispielsweise von oben (Kopf, Haare, Gesicht) nach unten (Körperbau, Kleidung, Schuhe).
- **Schluss:** Beschreibe, wie die Person auf dich **wirkt.**
- Formuliere **sachlich** und im **Präsens.**
- Achte auf eine **abwechslungsreiche Wortwahl:** Verwende nicht nur die Verben *haben* und *sein*, sondern auch *tragen, aussehen, besitzen, aufweisen, auffallen, wirken.*
  Benutze aussagekräftige Adjektive, z. B.: *tiefschwarz.*
- Vermeide persönliche Wertungen wie *schön, süß, lieb* oder *hässlich.*

1 **Betrachte das Foto des chinesischen Pianisten Lang Lang und ergänze den Steckbrief.**

Steckbrief

Name: ______________________

Geschlecht: ______________________

Alter (geschätzt): ______________________

Herkunft: ______________________

Tätigkeit: ______________________

2 **a** **Bereite eine Beschreibung des Pianisten vor: Wähle zutreffende Adjektive aus und markiere sie.**

☐ **Haare/Frisur:** voll, dünn, lang, kurz, struppig, gelockt, strähnig, gepflegt, glatt, glänzend, grau, blond, brünett, schwarz, modisch	☐ **Gesichtsform:** rund, länglich, oval, breit, schmal	☐ **Haut:** dunkel, hell, blass, gerötet, zart, faltig, runzlig, gebräunt
☐ **Augen:** schmal, groß, mandelförmig, dunkel, hell, strahlend, trüb	☐ **Augenbrauen:** dunkel, hell, buschig, schmal, dicht	☐ **Nase:** markant, breit, spitz, gerötet, lang, klein, schmal, auffällig
☐ **Lippen:** schmal, voll, blass, zart	☐ **Kinn:** rund, markant, eckig, spitz	☐ **Kleidung:** sportlich, gepflegt, auffällig, modisch, altmodisch, lässig, bequem, elegant, schlicht
☐ **Körperbau/Figur:** schmal, schlank, füllig, mollig, muskulös, zierlich, kräftig, sportlich		

b **Nummeriere die Merkmale in der Reihenfolge, in der du sie beschreiben möchtest.**

3 **a Welche Angaben gehören in die Einleitung einer Personenbeschreibung? Kreuze an.**

☐ Name ☐ Geschlecht ☐ Herkunft ☐ Alter ☐ Aussehen ☐ Kleidungsstil ☐ Tätigkeit

b Setze die Einleitung zur Beschreibung des Pianisten fort.

Der Pianist Lang Lang ______________________________

____

4 **Der folgende Ausschnitt über die Kleidung des Pianisten wirkt eintönig.**
a Markiere alle Wiederholungen im Text.

Lang Lang hat einen Anzug an. Der Anzug hat eine graue Hose und ein hellgraues Jackett. Die Kombination hat einen glänzenden Farbton, wodurch sie eine sehr festliche Wirkung hat. Das Hemd hat eine violette Farbe. Dazu hat der Pianist aber keine Krawatte oder Fliege um den Hals. Er hat den Kragenknopf offen. Der Kleidungsstil des Pianisten macht einen eleganten, aber auch lässigen Eindruck.

b Überarbeite den Ausschnitt im Heft. Mit folgenden Verben kannst du Wiederholungen vermeiden.

tragen • bestehen aus • gehören • verfügen über • wirken • erscheinen • sein

5 **Formuliere für den Schluss eine Aussage, wie der Pianist auf dich wirkt. Wähle Angaben aus dem Kasten.**

höflich • sympathisch • offen • verschlossen • erschöpft • zurückhaltend • freundlich

Lang Lang wirkt ______________________________

____

6 **Schreibe mit Hilfe der Vorarbeiten aus den Aufgaben 1–5 eine vollständige Personenbeschreibung ins Heft.**

7 **Überprüfe deine Beschreibung mit Hilfe der Checkliste unten. Überarbeite sie, wenn nötig.**

8 **Recherchiere im Internet nach weiteren berühmten Persönlichkeiten aus China (Künstler, Sportler, Schauspieler, Schriftsteller). Drucke das Bild einer Persönlichkeit aus und beschreibe sie im Heft.**

Checkliste

Eine Personenbeschreibung verfassen

	☺	😐	☹
▪ Hast du allgemeine Angaben zur Person gemacht (Geschlecht, Alter, Herkunft)?	☐	☐	☐
▪ Hast du das Aussehen der Person in einer geordneten Reihenfolge beschrieben?	☐	☐	☐
▪ Hast du eine Aussage zur Wirkung der Person formuliert?	☐	☐	☐
▪ Hast du aussagekräftige Adjektive und abwechslungsreiche Verben verwendet?	☐	☐	☐
▪ Hast du im Präsens geschrieben?	☐	☐	☐

Bilder beschreiben – Chinesische Reisbauern

Methode | **Ein Bild beschreiben**

- **Einleitung:** Nenne **Titel, Künstler, Entstehungszeit, Maltechnik** und den **Bildinhalt.**
- **Hauptteil:** Beschreibe zunächst das **Hauptmotiv** und gehe dann auf die **Einzelheiten** ein. Beschreibe in einer **sinnvollen Reihenfolge** von der linken zur rechten Bildhälfte, von oben nach unten oder von vorn (Vordergrund) über die Mitte nach hinten (Hintergrund). Mache auch Angaben zur **Farbgestaltung.**
- **Schluss:** Beschreibe, welche **Stimmung** das Bild vermittelt und wie es auf dich **wirkt.**
- Formuliere **sachlich** im **Präsens.**

Traditionelle chinesische Malerei

Traditionelle Bilder chinesischer Maler möchten Vollkommenheit, Harmonie und Schönheit zum Ausdruck bringen, oft auch eine tiefe Verbundenheit mit der Natur. Die hier dargestellte Tätigkeit auf einem Reisfeld ist bis heute typisch für ländliche Gebiete in China.

Bauern pflanzen Reis
Aquarellfarben auf Papier, 19. Jahrhundert, unbekannter chinesischer Künstler

1 **Betrachte das Bild genau und notiere stichwortartig, was du darauf siehst.**

Hauptmotiv	
Figuren	
Tätigkeiten	
Umgebung	
Farbwahl	
Gesamt-eindruck	

2 Ergänze die folgende Einleitung zur Beschreibung des Bildes auf Seite 14.

Das Bild eines ____________________ *Malers mit dem*

Titel „ ____________________ *" stammt aus dem* ____________________

Jahrhundert. Es ist mit ____________________ *gemalt*

und zeigt ____________________

3 Formuliere Aussagen zum Bildaufbau für den Hauptteil. Ergänze dazu folgende Sätze.

Im Vordergrund des Bildes sieht man ____________________

____

Im Mittelgrund ist ____________________

____

Im Hintergrund erkennt man ____________________

____

4 Im Hauptteil der Bildbeschreibung sollst du auch auf die Farbgestaltung eingehen.
Markiere in den folgenden Sätzen die jeweils passenden Adjektive.

A Für die Wege zwischen den Reisfeldern wurden kräftige / zarte / gelbgrüne Farbtöne gewählt.

B In der Mitte des Bildes erkennt man eine knallrote / rotbraune / rosafarbene Brücke.

C Die Reispflanzen, Sträucher und Bäume erscheinen in auffälligen / hellen / dunklen Grüntönen.

D Der Himmel im Bildhintergrund wurde dunkelblau / graublau / hellblau / blassblau / leuchtend blau gemalt.

5 Wie wirkt das Bild auf dich? Kreuze an.

☐ idyllisch ☐ friedlich ☐ kühl ☐ festlich ☐ harmonisch ☐ nüchtern

6 a Schreibe mit Hilfe der Vorarbeiten aus den Aufgaben 1–5 eine vollständige Bildbeschreibung ins Heft.
b Überprüfe deine Beschreibung mit der Checkliste unten. Überarbeite sie, wenn nötig.

7 Recherchiere im Internet „Chinesische Landschaftsmalerei". Wähle ein Bild, drucke es aus und beschreibe es.

Checkliste

Eine Bildbeschreibung verfassen

	☺	😐	☹
▪ Hast du über Titel, Künstler, Entstehungszeit, Maltechnik und Bildinhalt informiert?	☐	☐	☐
▪ Hast du das Bild genau und in einer sinnvollen Reihenfolge beschrieben?	☐	☐	☐
▪ Hast du Angaben zur Farbgestaltung gemacht?	☐	☐	☐
▪ Hast du eine Aussage zur Gesamtwirkung des Bildes formuliert?	☐	☐	☐

Vorgänge beschreiben – Chinesische Frühlingsrollen

Eine Vorgangsbeschreibung formulieren

Methode | **Einen Vorgang beschreiben**

- **Einleitung:** Nenne die notwendigen **Materialien, Werkzeuge, Bestandteile** oder **Zutaten.**
- **Hauptteil:** Beschreibe Schritt für Schritt den **Ablauf des Vorgangs** so genau, dass andere ihn nachahmen können.
- **Schluss:** Gib weitere **Hinweise oder Informationen** zum Vorgang.
- Verdeutliche die **Reihenfolge der Schritte** mit Wörtern wie *zuerst, anschließend, nun, während, nachdem.*
- Formuliere **sachlich und genau** im **Präsens.**
- Wechsle zwischen **Aktiv- und Passivformen,** damit die Beschreibung nicht eintönig klingt.

1 **Betrachte die Abbildungen A bis H und beschreibe die Zubereitung von Frühlingsrollen Schritt für Schritt. Verwende dabei die Begriffe unter den Abbildungen.**

So bereitet man chinesische Frühlingsrollen zu

A

Frühlingsrollenblätter (tiefgekühlt) • Möhren • Kohl • Sprossen • Shrimps • Mais • ein Ei • Öl • süß-saure Soße

Für die Zubereitung von Frühlingsrollen benötigt man

B

die Teigblätter • auftauen • dünne Streifen • die Schüssel • Ei verquirlen

Zuerst taut man

C

verrühren • die Füllung

das Teigblatt • die Füllung • der Teelöffel • geben auf

aufwickeln • der Teigrand • geschlagenes Ei • bestreichen • verkleben

das Öl • die Pfanne • erhitzen

frittieren • wenden • die Bratzange

die Soße • servieren

Eine Vorgangsbeschreibung überarbeiten

1 **a** **Lies die folgende Beschreibung der Zubereitung von chinesischen Frühlingsrollen. Was fällt dir auf?**
b **Unterstreiche alle Wiederholungen im Text.**

So bereitet man chinesische Frühlingsrollen zu

Für die Zubereitung von chinesischen Frühlingsrollen verwendet man tiefgekühlte Frühlingsrollenblätter aus
werden benötigt
dem Supermarkt und für die Füllung Möhren, Kohl, Sprossen, Shrimps und Mais. Außerdem benötigt man ein Ei, Öl und süß-saure Soße.

Als Erstes
Man taut die Teigblätter auf und schneidet die Möhren und den Kohl in dünne Streifen. Das Ei verquirlt man in einer kleinen Schüssel. Dann verrührt man die Möhrenstreifen, Kohlstreifen, Sprossen, Shrimps und den Mais für die Füllung in einer Schüssel. Dann legt man immer ein aufgetautes Teigblatt auf einen Teller und gibt ein bis zwei Teelöffel der Füllung darauf. Dann wickelt man das Teigblatt auf und verklebt den Rand mit dem geschlagenen Ei, damit die Rolle hält und beim Braten nicht aufgeht. Dann erhitzt man Öl in der Pfanne. Dann frittiert man die Frühlingsrollen in dem heißen Öl und wendet sie dabei vorsichtig mit der Bratzange. Die Rollen müssen im Öl schwimmend garen. Wenn die Rollen goldbraun sind, nimmt man sie mit der Bratzange aus der Pfanne. Dann serviert man die Frühlingsrollen zusammen mit der süß-sauren Soße. Guten Appetit!

2 **Mit den folgenden Wörtern kannst du die Wiederholungen vermeiden und die Reihenfolge der Schritte deutlich machen. Überlege, wo du sie einsetzen kannst, und notiere über die Textstellen jeweils ein passendes Wort.**

zuerst • als Erstes • zunächst • danach • anschließend • nun • im Anschluss daran • als Nächstes • schließlich • nachdem • zuletzt • zum Schluss

3 **Du kannst den Text abwechslungsreicher gestalten, indem du zwischen Aktiv- und Passivformen wechselst.**
a **Bilde die Passivformen der markierten Verben und notiere sie jeweils darüber.**
b **Schreibe den überarbeiteten Text vollständig in dein Heft.**

4 **Überarbeite deine eigene Vorgangsbeschreibung auf den Seiten 16–17 mit Hilfe der folgenden Checkliste.**

Checkliste

Eine Vorgangsbeschreibung verfassen

	☺	😐	☹
▪ Hast du zu Beginn die notwendigen Materialien und Zutaten genannt?			
▪ Hast du anschließend den Vorgang Schritt für Schritt genau beschrieben?			
▪ Hast du die Reihenfolge der Schritte verdeutlicht?			
▪ Hast du einen Schlusssatz formuliert?			
▪ Hast du sachlich und genau formuliert und Aktiv- und Passivformen verwendet?			

Argumentieren – Meiner Meinung nach ...

Einen Leserbrief schreiben

Methode **Einen Leserbrief schreiben**

In einem **Leserbrief** kann man anderen seine **persönliche Meinung** zu einem Thema oder Artikel mitteilen.

- **Einleitung:** Gib nach der höflichen Anrede an, auf welchen Artikel oder auf welche Aussage du dich beziehst und wie du zu dieser Aussage stehst.
- **Hauptteil:** Erkläre deine Meinung, begründe sie mit Argumenten und veranschauliche die Argumente möglichst mit Beispielen. Entkräfte Einwände gegen deine Meinung.
- **Schluss:** Fasse deinen Standpunkt zusammen oder formuliere einen Vorschlag oder Wunsch für die Zukunft. Beende den Leserbrief mit einem Gruß und deiner Unterschrift.
- Formuliere den Leserbrief **sachlich und höflich.** Äußere deine Meinung in der **Ich-Form.**

1 **Lies den folgenden Zeitungsartikel und die Reaktionen von Schülerinnen und Schülern darauf.**

Keine Manieren! „Gutes Benehmen" als Unterrichtsfach

Frisch rasiert und wohlgekleidet steht Robert M. vor einer Klasse von Siebtklässlern. Auf dem Stundenplan steht das Unterrichtsfach „Benehmen". Der Lehrer ist der Meinung, dass Verhaltensweisen wie Höflichkeit, Pünktlichkeit oder gute Manieren im Schulalltag häufig zu kurz kommen oder viel zu wenig von den Schülerinnen und Schülern beachtet werden. Deshalb sollten sie Thema des Unterrichts sein. Sicherlich können persönliche Vorstellungen von gutem Benehmen nicht allen gleichermaßen übergestülpt werden. Aber darüber zu diskutieren, was zu gutem Benehmen gehört, und sich Anregungen zu holen, ist nach Meinung des Deutschlehrers dringend erforderlich.

Der junge Lehrer weist darauf hin, dass viele Eltern den Wunsch äußerten, Schülerinnen und Schüler sollten in der Schule gute Manieren lernen. Ihr Verhalten könnte mit Kopfnoten auf dem Zeugnis bewertet werden.

Dieses Thema hat seine Berechtigung im Schulunterricht, weil von Seiten der Industrie immer häufiger beklagt wird, dass es Bewerbern an wichtigen Voraussetzungen für eine Berufsausbildung fehlt. Hierzu zählen nicht nur bestimmte Kenntnisse und Teamfähigkeit, sondern auch Pünktlichkeit, Disziplin, das Grüßen oder ein gepflegter Sprachgebrauch. Robert M. berichtet beispielsweise von seinem Schüler Sebastian, der ständig seine Kappe auf dem Kopf trägt und Kaugummi kaut. Bei einem Bewerbungsgespräch könnten das Gründe für eine Ablehnung sein. Ein weiteres Beispiel sei seine Schülerin Anja, die als Hobbys Telefonieren und Chatten angibt und ständig „voll krass" in ihren Sätzen benutzt.

A Benimm-Unterricht ist überflüssig! Gutes Benehmen bringen uns doch unsere Eltern bei. Das ist deren Aufgabe.

B Wer bestimmt denn eigentlich, was gutes Benehmen ist? Wem schade ich, wenn ich ständig ein Basecap trage? Ein Lehrer darf mir dafür doch keine schlechte Note auf dem Zeugnis geben, oder?

C Ich finde Benimm-Unterricht gut. Da lernt man endlich einmal etwas Sinnvolles für das Leben. Gutes Benehmen hat noch niemandem geschadet!

D Ich finde es nicht gut, wenn Unterrichtszeit durch die Benimm-Stunden verloren geht. Da bleibt uns zu wenig Zeit für die Vorbereitung auf Klassenarbeiten!

2 a **Untersuche die Argumentation im Zeitungsartikel (▶ S.19): Markiere die Meinung des Lehrers grün, seine Argumente blau und seine Beispiele gelb.**
b **Wie reagieren die Schüler auf den Zeitungsartikel? Markiere Aussagen, die der Meinung des Lehrers zustimmen, grün und Aussagen, die dagegen sprechen, rot.**

3 a **Notiere in den Tabellenkopf die Frage, über die im Artikel und in den Aussagen diskutiert wird.**
b **Ordne die Argumente für oder gegen das neue Unterrichtsfach stichwortartig in die Tabelle ein.**

Streitfrage: ______________________________

____

Argumente FÜR Benimm-Unterricht	Argumente GEGEN Benimm-Unterricht

Ich bin auf alle Fälle gegen die Einführung von Benimm-Unterricht, denn zu Hause höre ich schon oft genug, wie ich mich zu benehmen habe.

4 a **Lies die Aussage oben und unterstreiche das Argument.**
b **Formuliere zu dem Argument ein passendes Beispiel.**

Beispielsweise ______________________________

____

____

____

5 **Welche Meinung hast du zu der Streitfrage (► S. 20)? Bereite einen Leserbrief an die Zeitung vor:**

a Kreuze an, welche Meinung du vertrittst.

☐ Ich finde Benimm-Unterricht in der Schule sinnvoll. ☐ Ich finde Benimm-Unterricht in der Schule überflüssig.

b Notiere in der Tabelle stichwortartig zwei Argumente für die Meinung, die du im Leserbrief vertreten willst. Du kannst Argumente aus den Aufgaben 3 und 4 wählen oder dir eigene Argumente überlegen.

c Ergänze zu jedem Argument ein Beispiel.

Meine Argumente:	**Meine Beispiele dazu:**
(1) ______	(1) ______
______	______
______	______
(2) ______	(2) ______
______	______
______	______

d Schreibe einen Einwand auf, der gegen deine Meinung spricht, und entkräfte ihn.

Sicherlich kann man einwenden, dass ______

______

Allerdings ______

______

6 **Verfasse den Leserbrief zu dem Zeitungsartikel „Keine Manieren! ‚Gutes Benehmen' als Unterrichtsfach" (► S. 19). Verwende dabei den folgenden Schreibplan und setze die Sätze fort.**

______

______

______

______

______

______

______

______

Höfliche Anrede
Sehr geehrte Redaktion, ...

Einleitung
- Gib an, auf welchen Artikel oder auf welche Aussage du dich beziehst:
  ... mit großem Interesse las ich in Ihrer Zeitung den Artikel ...
  In diesem Artikel vertritt der Lehrer Robert M. die Meinung, dass ...

- Formuliere deine Meinung: *Ich vertrete den Standpunkt, dass ...*

Hauptteil

- Begründe deine Meinung mit Argumenten und veranschauliche diese mit Beispielen: *denn ... / weil ... / Ein weiterer Grund dafür ist, ... / Außerdem ... / Beispielsweise ...*
- Entkräfte Einwände gegen deine Meinung: *Sicherlich stimmt es, dass ... Dennoch habe ich die Erfahrung gemacht, dass ... / Es ist schon richtig, dass ... Aber man muss berücksichtigen, dass ... / Es darf auch nicht übersehen werden, ...*

Schluss

- Fasse deine Meinung noch einmal zusammen oder formuliere einen Vorschlag oder Wunsch für die Zukunft: *Abschließend möchte ich noch einmal betonen, dass ... / Es wäre vorstellbar, dass ... / Ich würde mir wünschen, dass ...*
- Beende den Brief mit einem Gruß und deiner Unterschrift: *Mit besten Grüßen ...*

7 **Überarbeite deinen Leserbrief mit Hilfe der folgenden Checkliste.**

Checkliste

Einen Leserbrief schreiben

	☺	😐	☹
▪ Hast du deine Meinung deutlich formuliert und Argumente genannt?	☐	☐	☐
▪ Bist du auf den Artikel eingegangen und hast einen möglichen Einwand entkräftet?	☐	☐	☐
▪ Hast du einen Schluss formuliert (Zusammenfassung, Vorschlag, Wunsch)?	☐	☐	☐
▪ Hast du deine Meinung, Argumente und Beispiele sprachlich gut verknüpft?	☐	☐	☐
▪ Hast du deine Meinung sachlich und höflich in der Ich-Form formuliert?	☐	☐	☐

Kompromisse formulieren

Information **Der Kompromiss**

In einem **Streitgespräch** kann man versuchen, einen **Kompromiss** zu finden, den beide Seiten akzeptieren. Dabei verzichten beide Seiten auf einen Teil ihrer Forderungen und akzeptieren die Argumente der Gegenseite. Auf diese Weise finden sie eine gemeinsame Lösung.

1 **Betrachte die Abbildung und überlege, was damit gezeigt werden soll. Ergänze die folgende Aussage.**

In der Abbildung stehen die äußeren Einzelfiguren ____________________

____

Das Paar in der Mitte ____________________

____

2 **Welche der folgenden Formulierungen leiten einen Kompromiss ein? Kreuze sie an.**

- ☐ A Du verstehst einfach nicht, dass ...
- ☐ B Ich bin dafür, dass ...
- ☐ C Eine Lösung könnte sein, dass ...
- ☐ D Man könnte sich vielleicht darauf einigen, dass ...
- ☐ E Ich fände es gut, wenn ...
- ☐ F Jedes Kind weiß doch, dass ...
- ☐ G Folgender Mittelweg wäre denkbar: ...

3 **Soll das Unterrichtsfach „Benehmen" eingeführt werden? Formuliere einen möglichen Kompromiss. Du kannst nebenstehende Notizen oder eigene Ideen verwenden.**

____

____

____

____

____

Vorschläge für einen Kompromiss:
- *Projektwoche zum Thema „Benehmen" durchführen*
- *Höflichkeitsregeln in der Schule aushängen*
- *Elternabende durchführen*
- *Personalchefs in die Schule einladen*

Reportagen und Grafiken lesen – In der Mongolei

Eine Reportage untersuchen

Information **Die Reportage**

- Eine **Reportage** soll nicht nur **informieren,** sondern auch **unterhalten.** Die Leser sollen sich das dargestellte Ereignis möglichst **anschaulich und lebendig** vorstellen können.
- Reportagen enthalten meistens berichtende und schildernde Textstellen:
  - **Berichtende Stellen** geben sachliche Informationen (Antworten auf die W-Fragen).
  - In **schildernden Stellen** werden Sinneswahrnehmungen (was man sieht, hört, riecht, schmeckt, fühlt) sowie Gedanken und Gefühle der Beteiligten genau beschrieben.
    Folgende **Stilmittel** werden dazu verwendet:
    → Formulierungen mit ausdrucksstarken Verben und anschaulichen Adjektiven,
    → sprachliche Bilder, beispielsweise Vergleiche mit *wie*,
    → Wiedergabe von wörtlicher Rede.
- Zum Schildern wird meistens das **Präsens** verwendet.

1 **Lies die folgende Überschrift und betrachte die Fotos. Formuliere in einem Satz, worum es in der Reportage vermutlich geht.**

____

____

Hamid Sardar

Horiks Reise ins Tal des Goldes

Auch das noch: Moksagar ist weg! Einfach verschwunden im Wolkennebel, den der Wind über den fast 3000 Meter hohen Bergkamm drückt. Horik formt die Hände zum Trichter und schreit gegen den Schneesturm an: „Moksagar, Moksagar!" Doch das Lieblingsrentier des 14-Jährigen bleibt verschollen. Horik schaut sich hilflos um. Nicht auszudenken, wenn dem Hirsch etwas zugestoßen ist!

Rentiere sind seit Jahrtausenden das Wertvollste im Leben der Tsaatan, einem kleinen mongolischen Bergvolk, dem Horik angehört. Ihre fette Milch stillt den Hunger, ihre Felle wärmen in den Winternächten. Und wenn die Nomaden zum nächsten Lagerplatz ziehen, tragen die Vierbeiner Zeltstangen und Proviant die steilen Hänge hinauf. Das Schicksal von Mensch und Tier ist hier, in den abgelegenen Wäldern der Nordmongolei, so eng miteinander verbunden, dass sich Horiks Ahnen sogar nach ihren vierbeinigen Gefährten benannt haben. Tsaatan heißt übersetzt „Rentier".

Horik zieht sich die Mütze über die Ohren und stapft los, quer durch den hüfthohen Schnee. Schließlich ist es seine Aufgabe, auf die Rentiere aufzupassen! Nur deshalb darf er die Jäger und Hirten seines Volkes auf dieser Reise von Tsagaan Nuu ins „Tal der Ahnen" begleiten. Ein Abenteuer, dessen Ausgang darüber entscheiden wird, wie die Zukunft der Tsaatan aussieht. Denn von der Rentierzucht allein können die 44 Nomadenfamilien heute nicht mehr leben. Eine Krankheit hat ihre Herden auf rund 600 Tiere schrumpfen lassen. Zu wenig, um genügend Felle und Geweihe verkaufen zu können. Alle Hoffnungen ruhen deshalb auf Horik und den Männern, die aufgebrochen sind, um im „Tal der Ahnen" an der Grenze zur russischen Teilrepublik Tuva eine neue Einnahmequelle zu finden: Gold, das sich dort im Sand der Flüsse versteckt.

Die Reise aber gestaltet sich schwieriger als geplant: Schon am ersten Tag beginnt es zu schneien. Die Gebirgspfade verschwinden unter einer weißen Decke. In den Tagen darauf legt sich Nebel über die Bergkette. Horik kann kaum weiter als drei Meter sehen.

Ihm bleibt nichts anderes übrig, als von seinem Rentier zu steigen und die Tiere zu Fuß zu führen.
Als eine dichte Nebelfront die Reisenden zu einer Pause zwingt, ist Moksagar plötzlich verschwunden. Horik macht sich große Sorgen um sein Lieblingstier. Eine gefühlte Ewigkeit irrt Horik umher. Er schreit und lockt. Schließlich erkennt er die Umrisse eines Hirsches: Moksagar! Überglücklich treibt er das Tier zurück zum Treck.
Nach sieben Tagen erreicht der Treck sein Ziel. Die Schneewolken haben sich verzogen, sodass Horik nun einen freien Blick auf das Tal mit den Ruhestätten seiner Ahnen hat. Dort unten beginnt das Reich der Geister. Doch werden sie dort auch Gold finden? Am Eingang des Tals stehen mit Stofffetzen geschmückte Bäume. In ihnen, glauben die Tsaatan, ruhen die Seelen verstorbener Schamanen. Horik verbrennt ihnen zu Ehren eine Handvoll Wacholderzweige. Das soll der Gruppe Glück bringen.
Am nächsten Morgen machen sich die Männer an die Arbeit. Schaufel für Schaufel schippen sie Sand aus dem Flussbett in ihre Waschsiebe. Goldnuggets aber finden sie keine – tagelang. Horiks Begleiter wagen einen letzten Versuch. Sie stemmen einen Felsbrocken zur Seite und durchwühlen den Schlamm darunter. Der Dreck ist kaum davongeschwemmt, da glitzert es in den Sieben. Gold! Endlich Gold!
Drei Gramm davon wird Horik von nun an als Monatslohn bekommen – für die Pflege der Rentiere. Wie lange er noch im „Tal der Ahnen“ bleiben wird, weiß er nicht. Die Männer haben die Rückkehr zu ihren Familien auf unbestimmte Zeit verschoben.

2 **a** **Lies den Text und prüfe deine Vermutung (▶ Aufgabe 1). Kreuze die richtige Aussage zum Inhalt des Textes an.**

- ☐ A In dem Text geht es um die Wanderung europäischer Touristen mit Rentieren in der Mongolei.
- ☐ B Der Text handelt von einem Mongolenstamm, der nach Russland vertrieben wird.
- ☐ C In dem Text geht es um einen Jungen, der Männer seines Stammes auf Goldsuche begleiten darf.
- ☐ D Im Text wird die Suche eines mongolischen Stammes nach einem Rentier beschrieben.

b **Welche Textstelle hat dich beim Lesen überrascht? Markiere sie.**

3 **Ordne den folgenden Begriffen aus dem Text die passenden Erklärungen zu. Ziehe Verbindungslinien.**

A der Nomade (Z. 13)	1 Vorfahre
B der Proviant (Z. 15)	2 Angehöriger eines Hirtenvolkes, das umherzieht
C der Ahne (Z. 18)	3 Klümpchen aus reinem Gold, das in der Natur vorkommt
D der Treck (Z. 51)	4 Lebensmittelvorrat
E der Schamane (Z. 59)	5 Zug von Menschen
F das Goldnugget (Z. 64)	6 Person mit magischen Fähigkeiten

4 **Teile die Reportage in Sinnabschnitte ein. Notiere zu jedem Abschnitt die Zeilenangaben und formuliere eine Zwischenüberschrift.**

Zeilenangaben	Zwischenüberschrift
Z. 1-8	

5 a **Was erfährst du in der Reportage über das Leben des Nomadenvolks der Tsaatan? Unterstreiche alle sachlichen Informationen dazu im Text.**
b **Beantworte die folgenden Fragen stichwortartig.**

A Welche Informationen enthält der Text über das Volk der Tsaatan?

B Was erfährt man im Text über die Rentiere?

C Welche Aufgaben muss der 14-jährige Horik erledigen?

6 **Schreibe mit Hilfe deiner Vorarbeiten aus den Aufgaben 2–5 eine Zusammenfassung der Reportage ins Heft. Verwende die folgenden Formulierungshilfen.**

In der Reportage ... von ... geht es um ... • Im ersten Textabschnitt wird ... vorgestellt, der ... • Anschließend ... • Im dritten/vierten/fünften Abschnitt geht es um ... • Es wird beschrieben / erzählt / darüber informiert / geschildert, ... • Im letzten Textabschnitt wird schließlich berichtet, ...

7 a **Untersuche den ersten Textabschnitt (▶ S. 24, Zeile 1–8) und ergänze die folgende Aussage.**

Der erste Abschnitt der Reportage unterscheidet sich von einem Bericht, denn

b **Wie wirkt der erste Textabschnitt auf die Leser? Kreuze die zutreffenden Aussagen an.**

- ☐ A Der erste Abschnitt zieht die Leser direkt in das Geschehen hinein, sodass sie sich die Situation lebendig vorstellen können.
- ☐ B Im ersten Abschnitt erhalten die Leser einen genauen Überblick über die Lebenssituation des Jungen Horik.
- ☐ C Der erste Abschnitt baut Spannung auf und macht die Leser neugierig.

8 a **An welchen Stellen im Text werden Sinneswahrnehmungen (was man sieht, hört, riecht, schmeckt, fühlt) sowie Gedanken und Gefühle der Beteiligten genau beschrieben? Markiere die schildernden Textstellen.**

b **Ordne den folgenden Stilmitteln für Schilderungen (A bis E) jeweils ein Beispiel aus der Reportage zu. Schreibe die Textstellen ab und notiere die Zeilenangaben.**

Stilmittel	Textbeispiel mit Zeilenangabe
A Beschreibung von Sinneswahrnehmungen	
B Wiedergabe von Gedanken und Gefühlen der Beteiligten	
C Wiedergabe von wörtlicher Rede	
D Formulierungen mit anschaulichen Adjektiven und Verben	
E Verwendung von sprachlichen Bildern	

9 **Formuliere die letzten Textabschnitte (Z. 62–75) im Heft in einen kurzen Bericht über den Goldfund um.**

Ein Diagramm auswerten

Methode **Ein Diagramm auswerten**

In einem **Diagramm** werden Informationen bildlich dargestellt. Man unterscheidet zwischen **Säulendiagramm, Balkendiagramm, Kurvendiagramm** und **Kreisdiagramm.** So wertest du ein Diagramm aus:
- Betrachte das Diagramm genau. Lies die **Überschrift** und alle **Angaben und Erklärungen.**
- Stelle fest, worüber das Diagramm informiert. Achte darauf, welche **Maßeinheiten** verwendet werden, z. B. Jahreszahlen, Prozent (%) für Anteile, *km, m, cm* oder *mm* für Maße, °C für Temperaturen.
- Vergleiche die Angaben miteinander. Markiere den **höchsten Wert,** den **niedrigsten Wert** und **ähnliche Werte.**
- Fasse zusammen, was im Diagramm gezeigt wird: Was sagt das Diagramm aus?

1 Stell dir vor, du planst eine Reise in die Mongolei.

a Betrachte das folgende Klimadiagramm und kreuze an: Welche zwei Diagrammarten erkennst du?

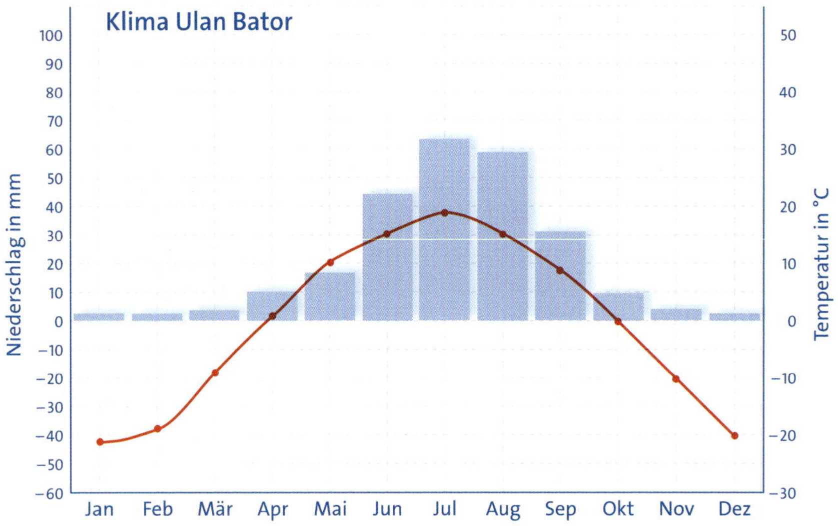

- ☐ Säulendiagramm
- ☐ Balkendiagramm
- ☐ Kurvendiagramm
- ☐ Kreisdiagramm

b Werte das Klimadiagramm aus. Ergänze dazu die folgenden Sätze.

A Das Klimadiagramm informiert über das Wetter in der mongolischen Stadt ______________________.

B Die Säulen zeigen ____.

C Die Kurve stellt die durchschnittlichen ____________________________________ dar.

D Niederschläge werden in ______________ angegeben. Die Temperatur wird in __________ angegeben.

E In den drei Monaten __________, __________ und ____________________ ist es am wärmsten.

F Besonders die Monate ______________ und ______________ sind extrem kalt.

G In den Monaten ______________, ______________ und ______________ ist es zwar heiß,

aber ____.

c Welchen Monat würdest du für die Reise wählen? Begründe mit Hilfe der Informationen im Klimadiagramm.

____

Ein Schaubild anfertigen

1 In einem Reiseprospekt wird eine Rundreise durch die Mongolei beschrieben.

a Lies den Text genau. Markiere Ortsangaben, Reisemittel und Unterkunftsarten in unterschiedlichen Farben.

Mongolei-Rundreise: Erlebnisse im „Land des ewig blauen Himmels“

1. Tag: Ulan Bator Abholung am Flughafen in Ulan Bator. Noch heute gehen Sie auf Erkundungstour: Sie besuchen das Gandan Kloster, das größte buddhistische Kloster der Mongolei. Sie übernachten in Ulan Bator im Hotel.

2. Tag: Baga Gadsryn Tschuluu Von Ulan Bator aus fahren Sie mit einem Jeep ins Felsgebirge von Baga Gadsryn Tschuluu. Sie verbringen den Tag in diesem wunderschönen Landstrich, besichtigen prähistorische Felsmalereien und Steingräber und übernachten im Jurten-Camp.

3. Tag: Südgobi Mit dem Jeep geht es weiter nach Südgobi. Die Ausblicke auf die grandiose Landschaft entschädigen Sie für die holprige Fahrt über oftmals reine Naturpisten. Sie verbringen den restlichen Tag im Gobi-Nationalpark im östlichen Altai-Gebirge und unternehmen einen Ausflug in die Geierschlucht Yolyn Am. Übernachtung in Jurten.

4. Tag: Oase Bayanzak Quer durch die Wüste geht es zur Oase Bayanzak, wo Sie den berühmten Saurierfriedhof besichtigen. Übernachtung in Jurten.

5. Tag: Ongital Sie fahren weiter durch das Ongital zu den Ruinen der Klöster am gleichnamigen Fluss. Nach dem Mittagessen wandern Sie zur nahe gelegenen Ruinenstadt Ongiin-Khiid. Übernachtung im Jurten-Camp.

6. Tag: Khan-Gebirge Mit dem Jeep geht es weiter zum Mittelpunkt der Mongolei, nach Elsen Tasarkhai. Am Nachmittag reiten Sie auf Kamelen zu den spektakulären Sanddünen von Mongol Els.

7. Tag: Karakorum Nach dem Frühstück begeben Sie sich auf die Fahrt nach Karakorum, wo sie ein Museum besuchen und ein Kloster besichtigen. Nach dem Mittagessen geht es weiter: Halb wandernd, halb fahrend erreichen Sie die traumhafte Kulisse im Orchontal und übernachten im Jurten-Camp am Fluss Orchon.

8. Tag: Hustai Nuruu Beim Besuch des Nationalparks beobachten Sie Wildpferde und zahlreiche Vogelarten. Übernachtung im Jurten-Camp.

9. Tag: Ulan Bator Ihre Reise führt Sie wieder zurück in die Hauptstadt und es heißt Abschied nehmen. Sie treten ihren Rückflug ab Ulan Bator an.

b Betrachte die folgende Karte zur Rundreise. Trage mit Hilfe der Angaben im Text und der nebenstehenden Legende die Reiseroute sowie Reisemittel und Unterkunftsarten ein.

- An- und Abreise
- Reise mit Jeep
- Wanderung
- Kamelreiten
- Hotelübernachtung
- Übernachtung in Jurte
- Reiseroute

Kalendergeschichten untersuchen – Pfiffige Typen

Information **Die Kalendergeschichte**

- Kalendergeschichten sind **kurze Geschichten,** die **unterhalten und belehren** sollen.
  Ihr Name beruht darauf, dass sie früher (im 17. bis 19. Jh.) in Jahreskalendern veröffentlicht wurden.
- Inhalt der Geschichten sind **ungewöhnliche oder lustige Geschehnisse** im Leben einfacher Menschen.
- Kalendergeschichten enthalten oftmals eine **überraschende Wendung (Pointe).**
- Die Geschichten sollen die Leser **zum Nachdenken anregen,** denn sie zeigen, welche Stärken und welche Schwächen Menschen haben können.
- Oft wird auch eine **Lehre** formuliert. Diese zeigt, wie man die Geschichte auf das eigene Leben beziehen kann.

Martin Auer

Herr Balaban und seine Tochter Selda 177 (2002)

Einmal fuhr ein Freund des Herrn Balaban auf Besuch in die alte Heimat. Als er zurückkam, brachte er aus seinem Dorf eine schöne Hammelkeule mit. Herr Balaban holte aus seinem Laden Zwiebeln, Knoblauch und andere Gewürze, dazu noch Gemüse und eine schöne Flasche Wein. Dann kochte er mit Selda ein wunderbares Hammelragout und bewirtete den Freund damit.

Am nächsten Abend läutete es an Herrn Balabans Tür. Als Herr Balaban öffnen ging, standen dort zwei Unbekannte. „Wir sind Freunde von dem, der dir gestern die Hammelkeule gebracht hat", stellten sie sich vor. Herr Balaban lud sie in die Wohnung, holte ein paar Flaschen Bier aus dem Lager, wärmte auf, was von dem Ragout noch übrig war, und bewirtete die Gäste.

Am nächsten Abend kamen wieder zwei Unbekannte und stellten sich vor als Freunde der Freunde des Mannes, der die Hammelkeule gebracht hatte. Herr Balaban machte aus den Resten vom Ragout eine Suppe und bewirtete auch sie. Aber am nächsten Tag kamen wieder zwei. Herr Balaban lud sie in die Wohnung, stellte ihnen zwei Teller hin, brachte eine Schüssel mit heißem Wasser und gab ihnen mit dem Schöpflöffel davon etwas auf die Teller.

„Was gibst du uns denn da?", fragten die zwei. „Wir sind doch Freunde von den Freunden von den Freunden des Mannes, der die Hammelkeule gebracht hat!" „Ja", sagte Herr Balaban, „und das hier, das ist die Suppe von der Suppe von der Suppe von der Hammelkeule."

1 **Untersuche den Inhalt der Geschichte und beantworte folgende Fragen stichwortartig.**

A Welche Figuren treten in der Geschichte auf?

B Welches Problem ergibt sich?

C Wie wird das Problem gelöst?

2 a **Prüfe, ob alle Merkmale einer Kalendergeschichte auf die Geschichte zutreffen. Kreuze richtige Aussagen an.**

Die Geschichte „Herr Balaban und seine Tochter Selda 177" ...

- ☐ A ist eine kurze Geschichte, die unterhält und belehrt.
- ☐ B enthält ungewöhnliche oder lustige Geschehnisse.
- ☐ C stellt ein Geschehnis im Leben einfacher Menschen dar.
- ☐ D enthält eine überraschende Wendung (Pointe).
- ☐ E zeigt, welche Stärken und welche Schwächen Menschen haben können, und regt den Leser damit zum Nachdenken an.

b **Wähle eine zutreffende Aussage aus und begründe sie anhand des Textes.**

Zu Aussage ___ *:* ___

___

___

3 **Erkennst du die Pointe in der Kalendergeschichte?**

a **Markiere die Stelle im Text, an der sich die Geschichte überraschend wendet.**

b **Erkläre, welche Handlung man als Leserin oder Leser an dieser Stelle eigentlich erwartet.**

Als Leser(in) erwartet man an dieser Stelle, dass ___

___

Aber ___

4 **Kalendergeschichten zeigen häufig, welche Stärken und Schwächen Menschen haben können. Trifft das auf die Geschichte zu? Setze folgende Satzanfänge fort.**

Jn der Geschichte wird deutlich, dass die Stärke von Herrn Balaban ___

___ *ist. Er* ___

Die Gäste, die sich als Freunde der Freunde von Freunden ausgeben, haben die

folgende Schwäche: Sie ___

___

5 **Welche Lehre wird in der Kalendergeschichte vermittelt? Kreuze die passende Aussage an.**

- ☐ A Man sollte immer auf den Besuch von Gästen vorbereitet sein.
- ☐ B Wer ein Geschenk annimmt, sollte auch etwas zurückgeben.
- ☐ C Nur echte Freunde meinen es wirklich gut mit einem.
- ☐ D Gastfreundschaft kann man auch mit einfachen Mitteln zeigen.

6 **Was denken die Freunde der Freunde der Freunde am Ende der Geschichte? Formuliere ihre Gedanken im Heft.**

Eine Kalendergeschichte in alter Sprache verstehen

Johann Peter Hebel

Ein Wort gibt das andere (1809)

Ein reicher Herr im Schwabenland schickte seinen Sohn nach Paris, dass er sollte Französisch lernen und ein wenig gute Sitten. Nach einem Jahr oder drüber kommt der Knecht aus des Vaters Haus auch nach Paris. Als der junge Herr den Knecht erblickte, rief er voll Staunen und Freude aus: „Ei, Hans, wo führt dich der Himmel her? Wie steht es zu Hause, und was gibt es Neues?“

„Nicht viel Neues, Herr Wilhelm, als dass vor zehn Tagen Euer schöner Rabe krepiert ist, den Euch vor einem Jahr der Weidgesell geschenkt hatte.“

„Oh das arme Tier“, erwiderte der Herr Wilhelm. „Was hat ihm denn gefehlt?“

„Drum[1] hat er zu viel Luder[2] gefressen, als unsere schönen Pferde fielen, eins nach dem anderen. Ich hab's gleich gesagt.“

„Wie! Meines Vaters vier schöne Mohrenschimmel sind gefallen?“, fragte der Herr Wilhelm. „Wie ging das zu?“

„Drum sind sie zu sehr angestrengt worden mit Wasserführen, als uns Haus und Hof verbrannten, und doch hat nichts geholfen.“

„Um Gottes willen!“, rief der Herr Wilhelm voll Schrecken aus. „Ist unser schönes Haus verbrannt? Wann das?“

„Drum hat man nicht aufs Feuer achtgegeben an Ihres Vaters seliger Leiche, und ist bei Nacht begraben worden mit Fackeln. So ein Fünklein ist bald verzettelt.“

„Unglückselige Botschaft!“, rief voll Schmerz der Herr Wilhelm aus. „Mein Vater tot? Und wie geht's meiner Schwester?“

„Drum eben hat sich Ihr Herr Vater seliger zu Tod gegrämt, als Ihre Jungfer Schwester ein Kindlein gebar und hatte keinen Vater dazu. Es ist ein Büblein. Sonst gibt's just nicht viel Neues“, setzte er hinzu.

1 drum: weil
2 Luder: Aas, Fleisch von toten Tieren

1 **Die Geschichte von Johann Peter Hebel ist über 200 Jahre alt und enthält viele Ausdrücke, die man heute nur noch selten verwendet.**

a Ordne den folgenden Wörtern aus dem Text die passenden Erklärungen zu. Ziehe Verbindungslinien.

A der Weidgesell (Z. 6)	1 bekümmert sein, traurig sein
B der Mohrenschimmel (Z. 10)	2 unverheiratete Frau (Jungfrau)
C selig (Z. 16)	3 Jäger
D sich grämen (Z. 20)	4 Pferderasse
E die Jungfer (Z. 20)	5 gestorben, verstorben

b Wie sprechen sich die Figuren gegenseitig an? Markiere im Text alte Anredeformen.

c Wie würdest du das heute sagen? Formuliere die folgenden Äußerungen aus dem Text in heutigem Deutsch.

A „Ei, Hans, wo führt dich der Himmel her?“ (Z. 3–4)

B „Drum sind sie [die Pferde] zu sehr angestrengt worden mit Wasserführen.“ (Z. 11)

C „So ein Fünklein ist bald verzettelt.“ (Z. 17)

2 Was ist im Schwabenland passiert? Bestimme die richtige Reihenfolge der Geschehnisse aus der Erzählung des Knechts. Vervollständige dazu das folgende Flussdiagramm.

1) Herrn Wilhelms Schwester bekommt ______

↓

2) Herrn Wilhelms Vater ______

↓

3) Die Beerdigung des Vaters erfolgt ______

↓

4) Bei der Beerdigung ______

↓

5) Um das Feuer zu löschen, ______

↓

6) Die Löschaktion ist so anstrengend, dass ______

↓

7) Das Aas der toten Pferde ______

↓

8) Der schöne Rabe ______

Der Knecht reist zu Herrn Wilhelm nach Paris, um ihn zu informieren.

3 Was ist das Unterhaltsame an der Geschichte? Ergänze die folgende Aussage.

Die Geschichte ist sehr unterhaltsam, weil ______

Herr Wilhelm denkt jedes Mal, ______

Aber dann ______

Eine Inhaltsangabe schreiben

Methode | **Eine Inhaltsangabe schreiben**

Mit einer **Inhaltsangabe** fasst man den **Inhalt eines Textes knapp und sachlich** zusammen:
- **Einleitung:** Nenne die Textsorte (z. B. Kalendergeschichte, Fabel, Märchen), den Titel, den Namen der Autorin oder des Autors, das Erscheinungsjahr und das Thema.
- **Hauptteil:** Stelle die wichtigen **Handlungsschritte** in der richtigen Reihenfolge kurz dar.
- **Schluss:** Formuliere die **Textabsicht** oder die **Lehre** der Geschichte.
- Schreibe **sachlich** und verwende möglichst **eigene Worte.** Vermeide ausschmückende Ausdrücke.
- Gib Äußerungen von Figuren (wörtliche Rede) in der indirekten Rede (Konjunktiv I) wieder.
- Schreibe im **Präsens.**

Johann Peter Hebel

Der Star von Segringen (1805, Text modernisiert)

Der Friseur im Ort Segringen besaß als Haustier einen Star, dem sein Lehrling Unterricht im Sprechen gab. Der Star lernte nicht nur alle Wörter, die ihm sein Lehrer beibrachte, sondern er ahmte zuletzt auch selbst nach, was er hörte, zum Beispiel: „Ich bin der Friseur von Segringen."
Der Friseur benutzte viele Redensarten, die er häufig wiederholte, beispielsweise: „Soso, lala" oder: „par compagnie" (das heißt so viel wie „in Gesellschaft mit anderen") oder: „Du Tollpatsch!"
Alle diese Ausdrücke lernte nach und nach der Star. Da nun täglich viele Leute im Haus waren, gab's manchmal viel zu lachen, wenn die Gäste miteinander ein Gespräch führten. Dann warf der Star eins von seinen Wörtern ein, als wenn er sie verstehen würde. Manchmal rief ihn der Lehrling zum Beispiel: „Hansel, was machst du?" Darauf antwortete der Star: „Du Tollpatsch!", und alle Leute in der Nachbarschaft wussten von dem Tier zu erzählen.
Eines Tages aber, als das Fenster offen und das Wetter schön war, da dachte der Star: „Ich hab jetzt schon so viel gelernt, dass ich die Welt erkunden kann", und flog zum Fenster hinaus. Weg war er.
Sein erster Flug ging ins Feld, wo er sich unter eine Gesellschaft anderer Vögel mischte, und als sie davonflogen, flog er mit ihnen. Aber sie flogen unglücklicherweise alle miteinander in ein Fangnetz.
Als der Vogelfänger kam und sah, was er für einen großen Fang gemacht hatte, nahm er einen Vogel nach dem anderen behutsam heraus, drehte ihnen den Hals um und warf sie auf den Boden. Als er aber die mörderischen Finger wieder nach einem Gefangenen ausstreckte, da schrie der Vogel: „Ich bin der Friseur von Segringen", als wenn er wüsste, dass ihn dies retten konnte. Der Vogelfänger erschrak zunächst und dachte, dass es nicht mit rechten Dingen zuginge. Als er sich aber erholt hatte, konnte er sich vor Lachen kaum halten. Er sagte: „Ach Hansel, hier hätte ich dich nicht gesucht, wie kommst du in mein Fangnetz?"
Da antwortete der Hansel: „Par compagnie."
Schließlich brachte der Vogelfänger den Star seinem Herrn wieder und bekam eine gute Belohnung.
Merke: So etwas passiert einem Vogel selten. Aber schon mancher junge Mensch, der auch lieber ein Abenteuer erleben wollte, als daheimzusitzen, ist ebenfalls „par compagnie" in eine Falle geraten.

1 **Worum geht es in der Kalendergeschichte?**
Markiere passende Angaben im Kasten und formuliere damit eine Aussage.

schweres Schicksal • glückliche Rettung • dummer Vogel • sprechender Vogel • Ort Segringen • Redensarten eines Friseurs

Die Kalendergeschichte erzählt von ____________________

____

2 Bereite eine Inhaltsangabe der Kalendergeschichte vor:

a Markiere im Text Informationen zu den W-Fragen Wann? Wo? Wer?.

b Beantworte die folgenden W-Fragen stichwortartig.

WANN spielt die Geschichte? (Zeit der Handlung)	WO spielt die Geschichte? (Handlungsorte)	WER ist am Geschehen beteiligt? (Figuren)

WAS passiert in der Geschichte? (Handlungsschritte)

1) Star lernt im Friseursalon Wörter und Redensarten

2)

3 Überlege, wie du wichtige Äußerungen der Figuren indirekt wiedergeben kannst:

a Unterstreiche in der Geschichte alle Äußerungen in wörtlicher Rede.

b Formuliere wichtige Äußerungen in indirekte Rede (Konjunktiv I) um.

Wörtliche Rede (Zitate)	Indirekte Rede
A Da dachte der Star: „Ich hab jetzt schon so viel gelernt, dass ich die Welt erkunden kann.“ (Z. 21–22)	Der Star denkt, er
B Da schrie der Vogel: „Ich bin der Friseur von Segringen.“ (Z. 33–34)	Der Vogel schreit, er
C Er sagte: „Ach Hansel, hier hätte ich dich nicht gesucht, wie kommst du in mein Fangnetz?“ (Z. 38–40)	Der Vogelfänger fragt den Star, wie

4 **Formuliere eine Einleitung für die Inhaltsangabe. Ergänze dafür den folgenden Satz.**

Die Kalendergeschichte „ ______________________________ “

von ______________ stammt aus dem Jahr ______________ und erzählt von

____

5 **Schreibe den Hauptteil der Inhaltsangabe: Fasse mit Hilfe deiner Notizen aus den Aufgaben 2 und 3 die wichtigen Handlungsschritte zusammen und verwende Verknüpfungswörter aus dem Kasten.**

während • als • in dem Augenblick • daraufhin • kurz darauf • anschließend • schließlich

Der Star Hansel lebt im Friseursalon und lernt dort verschiedene Wörter und

Redensarten, die er immer wieder aufsagt. Eines Tages ______________

____

6 a **Suche die Lehre in der Geschichte (▶ S. 34) und rahme die Textstelle ein.**
b **Gib im Schlussteil der Inhaltsangabe die Lehre mit eigenen Worten wieder.**

Die Kalendergeschichte soll junge Leute davor warnen, ______________

____

7 **Prüfe deine Inhaltsangabe mit Hilfe der folgenden Checkliste. Überarbeite sie, wenn nötig.**

Checkliste

Eine Inhaltsangabe schreiben

	☺	😐	☹
▪ Hast du in der Einleitung Textsorte, Titel, Autor, Erscheinungsjahr und Thema genannt?	☐	☐	☐
▪ Enthält der Hauptteil die wichtigen Handlungsschritte in der richtigen Reihenfolge?	☐	☐	☐
▪ Steht im Schlussteil die Textabsicht oder die Lehre der Geschichte?	☐	☐	☐
▪ Ist die Inhaltsangabe sachlich und mit eigenen Worten formuliert?	☐	☐	☐
▪ Hast du wörtliche Rede vermieden und im Präsens geschrieben?	☐	☐	☐

Eine Ballade untersuchen und vortragen – Die Lorelei

Information **Die Ballade**

- **Balladen** sind meist **längere Gedichte** über **ungewöhnliche oder spannende Ereignisse.**
- Sie stellen eine **Mischform aus Gedicht, Erzählung und Theaterstück** dar:
  – Wie Gedichte bestehen sie meistens aus Strophen und Versen, die sich reimen.
  – Wie in einer Erzählung vermittelt ein Erzähler eine spannende Handlung, die sich bis zum Höhepunkt steigert und zum Schluss aufgelöst wird.
  – Wie in einem Theaterstück steht im Mittelpunkt der Handlung ein Konflikt.
- Viele Balladen enthalten auch **Dialoge** (wörtliche Rede).

Heinrich Heine

Die Lorelei (1824)

Ich weiß nicht, was soll es bedeuten, — fragend,
Dass ich so traurig bin; || — nachdenklich
Ein Märchen aus alten Zeiten, |
Das kommt mir nicht aus dem Sinn.

Die Luft ist kühl und es dunkelt,
Und ruhig fließt der Rhein;
Der Gipfel des Berges funkelt
Im Abendsonnenschein.

Die schönste Jungfrau sitzet
Dort oben wunderbar,
Ihr goldnes Geschmeide blitzet,
Sie kämmt ihr goldenes Haar.

Sie kämmt es mit goldenem Kamme
Und singt ein Lied dabei;
Das hat eine wundersame,
Gewaltige Melodei.

Den Schiffer im kleinen Schiffe
Ergreift es mit wildem Weh;
Er schaut nicht die Felsenriffe,
Er schaut nur hinauf in die Höh'.

Ich glaube, die Wellen verschlingen
Am Ende Schiffer und Kahn;
Und das hat mit ihrem Singen
Die Lorelei getan.

1 Wovon handelt die Ballade auf Seite 37? Ergänze die folgende Aussage zum Inhalt.

Die Ballade „Die Lorelei" handelt von einem Schiffer, der mit seinem Schiff auf dem Rhein verunglückt, weil

____

____

2 Untersuche den Aufbau und die Sprache der Ballade. Ergänze die folgenden Sätze.

Die Ballade besteht aus ______________ Strophen mit jeweils ______________ Versen.

Als Reimform ist ein ______________________ erkennbar.

Wörter wie ______________ (Vers _____), ______________ (Vers ___) und

______________ (Vers _____) erzeugen eine ______________ Grundstimmung.

Die letzte Strophe enthält das folgende sprachliche Bild: „______________________

______________________________________ " (Vers __________).

Es bedeutet, dass ____ .

Bei diesem sprachlichen Bild handelt es sich um eine ______________________ ,

denn ______________ verhalten sich wie ein Mensch. Durch die Verwendung dieses Bildes wirkt die

Textstelle ______________________ .

3 Bereite den Vortrag der Ballade vor:

a Notiere neben jede Strophe, in welcher Stimmung du sie vortragen möchtest. Wähle passende Angaben aus dem Kasten.

fragend • nachdenklich • traurig • verzweifelt • erschrocken • aufgeregt • ruhig • wütend • heiter • stolz

b Sieh dir an, mit welchen Zeichen der Vortrag der ersten Balladenstrophe (► S. 37) vorbereitet wurde. Ergänze Vortragszeichen in allen weiteren Strophen.

Vortragszeichen

||	lange Pause	|	kurze Pause
___	lauter	....	leiser
→	schneller	←	langsamer
[XXX]	Betonung	↷	Zeilensprung

c Übe den Balladenvortrag ein und stelle die Ballade deinen Eltern oder Freunden vor.

4 Der Inhalt der Ballade beruht auf einer Sage. Recherchiere nach dem wahren Kern der Sage und notiere ihn stichwortartig.

____

Eine Ballade untersuchen und vortragen – Die Lorelei

Information Die Ballade

- **Balladen** sind meist **längere Gedichte** über **ungewöhnliche oder spannende Ereignisse.**
- Sie stellen eine **Mischform aus Gedicht, Erzählung und Theaterstück** dar:
  - Wie Gedichte bestehen sie meistens aus Strophen und Versen, die sich reimen.
  - Wie in einer Erzählung vermittelt ein Erzähler eine spannende Handlung, die sich bis zum Höhepunkt steigert und zum Schluss aufgelöst wird.
  - Wie in einem Theaterstück steht im Mittelpunkt der Handlung ein Konflikt.
- Viele Balladen enthalten auch **Dialoge** (wörtliche Rede).

Heinrich Heine

Die Lorelei (1824)

Ich weiß nicht, was soll es bedeuten,
Dass ich so traurig bin; || fragend,
Ein Märchen aus alten Zeiten, | nachdenklich
Das kommt mir nicht aus dem Sinn.

Die Luft ist kühl und es dunkelt,
Und ruhig fließt der Rhein;
Der Gipfel des Berges funkelt
Im Abendsonnenschein.

Die schönste Jungfrau sitzet
Dort oben wunderbar,
Ihr goldnes Geschmeide blitzet,
Sie kämmt ihr goldenes Haar.

Sie kämmt es mit goldenem Kamme
Und singt ein Lied dabei;
Das hat eine wundersame,
Gewaltige Melodei.

Den Schiffer im kleinen Schiffe
Ergreift es mit wildem Weh;
Er schaut nicht die Felsenriffe,
Er schaut nur hinauf in die Höh'.

Ich glaube, die Wellen verschlingen
Am Ende Schiffer und Kahn;
Und das hat mit ihrem Singen
Die Lorelei getan.

Übersicht Arbeitspläne Isabella

1.1.	RS-Strategien	✓
1.2	RS-Strategien	✓ (circled)
2.1	Herbstgedichte	—
3.1	Bericht	✓ (circled)
3.2	Der Bericht	—
3.3	„Ein Bericht muss…"	—
4.1.	Satzglieder erkennen…	—

Rätselhafte Hausarbeit

01.			G	E	S	T	A	L	T	U	N	G					
02.					L	E	X	I	K	O	N						
03.						N	O	T	I	Z	E	N					
04.					A	R	B	E	I	T	S	P	L	A	N		
05.				L	I	T	E	R	A	T	U	R					
06.		S	T	O	F	F	S	A	M	M	L	U	N	G			
07.						Z	I	T	A	T							
08.							B	U	E	C	H	E	R	E	I		
09.				R	E	F	E	R	A	T							
10.				V	E	R	F	A	S	S	E	R					
11.		Q	U	E	L	L	E	N	H	I	N	W	E	I	S	E	
12.								G	L	I	E	D	E	R	U	N	G
13.	K	A	R	T	E	I	K	A	S	T	E	N					
14.			T	I	T	E	L	B	L	A	T	T					
15.		C	O	M	P	U	T	E	R								
16.			S	E	I	T	E	N	Z	A	H	L					

01. Beim Referat kommt es neben dem Inhalt auch auf die G... an.
02. Dieses Buch enthält vielfältige Kurzinformationen.
03. Lies ein Buch nicht einfach durch, sondern mache dir ...
04. Diesen Plan solltest du am Anfang machen, damit der Weg klar ist.
05. Für eine gute Hausarbeit musst du sie wälzen.
06. Vor dem Gliedern und Schreiben steht diese Tätigkeit.
07. Wörtliche oder sinngemäße Wiedergabe eines Quellenauszugs.
08. In dieser Einrichtung findest du (Fach-)Literatur.
09. Ein anderer Begriff für Hausarbeit.
10. Nach ihrem Namen ordnet man das Literaturverzeichnis.
11. Sie werden am Ende der Hausarbeit aufgelistet.
12. Sie informiert den Leser über den Inhalt der Hausarbeit.
13. Er hilft dir, deine Notizen übersichtlich zu ordnen.
14. Mit diesem Blatt beginnt eine jede Hausarbeit.
15. Diese „Gerät" trägt zur sauberen Gestaltung der Arbeit bei.
16. Sie darf auf den einzelnen Blättern der Arbeit nicht fehlen.

Trage die gesuchten Begriffe in das obige Rätselschema ein! Kontrollhinweis: Die Begriffe setzen sich aus folgenden Silben zusammen:

TER ● PLAN ● WEISE ● ZAHL ● TUNG ● KASTEN ● LEN ● LUNG ● TUR ● KON ● PU ● BEITS ● HIN ● TEN ● STAL ● TEI ● TIZEN ● SAMM ● CHEREI ● FASSER ● TERA ● TAT ● DERUNG ● TEL ● BLATT ● RAT ● REFE ● LEXI ● COM ● AR ● QUEL ● SEI ● GE ● KAR ● NO ● STOFF ● BUE ● VER ● LI ● ZI ● GLIE ● TI

Was kann ich schon? – Wortarten, Zeitformen, Sätze

1 **a Ersetze die im Text markierten Nomen durch passende Pronomen aus dem Kasten. Notiere sie jeweils darüber.**

PUNKTE |3

ihm • diese • sie • ihnen • jener • ihr

Island – Insel zwischen Feuer und Eis

Es ist weniger als 20 Millionen Jahre her, dass Vulkane im tiefen Atlantik Lava zu spucken begannen. Die Vulkane legten das Fundament für die Insel Island, die später von Eismassen überzogen wurde. Die Eismassen schmolzen im Laufe der Zeit ab und legten die Küstenbereiche frei. Da die Insel auf zwei auseinanderstrebenden Erdplatten liegt, strömt immer wieder Magma nach oben und verleiht der Insel ihren besonderen Charakter: Hier steigt Schwefel empor, dort brodelt Wasser und da zittert die Erde.

b Welche Pronomenarten hast du jeweils verwendet? Markiere Personalpronomen grün und Demonstrativpronomen blau.

PUNKTE |3

c Der Text enthält auch ein Possessivpronomen. Markiere es gelb.

PUNKTE |1

2 **a Welcher Kasus folgt den markierten Präpositionen? Notiere in Klammern A (Akkusativ), D (Dativ) oder G (Genitiv).**

PUNKTE |7

b Ergänze die Nomen und ihre Begleiter im richtigen Kasus.

PUNKTE |7

Die Oberfläche Islands wurde von (____) ______________________ (*die Gletscher*) geformt.

Auch heute noch besteht ein Teil der Oberfläche aus (____) ______________________ (*gewaltige Eismassen*).

Unterhalb (____) ______________________ (*die Gletscher*) brodelt es jedoch aufgrund (____) ______________________ (*die auseinanderdriftenden Platten*).

Durch (____) ______________________ (*die Bewegungen*) der Platten strömt immer wieder heißes Magma an (____) ______________________ (*die Oberfläche*) und die Gletscher schmelzen.

Wegen (____) ______________________ (*das Schmelzwasser*) kommt es zu Überschwemmungen.

c Adjektive veranschaulichen Nomen. Ergänze vor einem der Nomen im letzten Satz ein passendes Adjektiv. Schreibe den Satz neu auf.

PUNKTE |1

____

____

3 **Schreibe folgenden Satz ins Passiv um.**

PUNKTE |2

Eine Flutwelle aus Schmelzwasser zerstört die Küstenstraße.

____

4 **Ergänze im Text die Verben in Klammern im Präsens, Plusquamperfekt, Präteritum oder Futur I.**
Tipp: Nicht alle Zeitformen tauchen im Text auf.

PUNKTE |9

Island ______________ (*liegen*) am äußersten nordwestlichen Rand Europas und ______________ (*gelten*) als die größte Vulkaninsel der Welt. Lange Zeit ______________ (*vermuten*) man, dass Wikinger die Insel als Erste ______________ (*bewohnen*). Heute ______________ (*wissen*) man, dass irische Mönche als erste Menschen auf Island ______________ (*landen*) und die Abgeschiedenheit ______________ (*genießen*). Nachdem die ersten Wikinger die Insel ______________ (*erreichen*), ______________ (*verlassen*) die Mönche jedoch den Ort.

5 **a Rahme im folgenden Satz die Satzglieder ein.**

PUNKTE |5

Irische Mönche landeten vor vielen Jahrhunderten mit einfachen Booten an der Küste Islands.

____

b Notiere die Bezeichnungen der Satzglieder (Abkürzungen) darunter.

PUNKTE |5

6 **Verknüpfe die Hauptsätze zu Satzgefügen. Wähle jeweils eine Konjunktion oder ein Relativpronomen.**

PUNKTE |4

A Die ersten Wikinger tauchten auf. Die irischen Mönche verließen Island. (*wenn – seitdem – als*)

____

____

B Im Jahr 864 besiedelten Wikinger die Insel. Die Insel wurde von ihnen „Eisland" genannt. (*denen – die – das*)

____

____

7 **Vergleiche deine Antworten mit den Angaben im Lösungsheft und zähle deine Punkte zusammen.**

☺ **47–45 Punkte**	☺ **44–26 Punkte**	☹ **25–0 Punkte**
Das klappt schon prima! Welches Grammatikthema solltest du trotzdem wiederholen? ______________	Nicht schlecht! Mit welchen Grammatikthemen hattest du noch Schwierigkeiten? ______________	Du solltest alle Grammatikthemen wiederholen! Welches bereitet dir die meisten Probleme? ______________

Wortarten unterscheiden – Feuerplanet Erde

Nomen und deren Kasus erkennen

Information Nomen

- **Nomen** bezeichnen Dinge, Lebewesen, Ideen usw. Man kann sie mit Hilfe von Proben erkennen:
  - **Artikelprobe:** Vor Nomen kann man einen **Artikel** setzen, z. B.: *Der Brand erneuert die Natur.* Achtung: Manche Artikel sind mit einer Präposition verschmolzen, z. B.: *im (in + dem), zur (zu + der).*
  - **Adjektivprobe:** Oft stehen **Adjektive** vor Nomen, z. B.: *das bedrohliche Feuer.*
  - **Zählprobe:** Einige Nomen werden von **Zahlwörtern** begleitet, z. B.: *einige Versuche.*
- In Sätzen erscheinen Nomen immer in einem **bestimmten Kasus** (in einem Fall):

Nominativ *(die Erde)* *Wer oder was ...?*	**Genitiv** *(der Erde)* *Wessen ...?*	**Dativ** *(der Erde)* *Wem ...?*	**Akkusativ** *(die Erde)* *Wen oder was ...?*

1 **Nomen gesucht! Der folgende Text enthält neun Nomen und eine Nominalisierung.**
- a **Markiere im Text alle Begleitwörter der Nomen: Artikel (*der, die, das, ein, eine*), Adjektive und Zahlwörter.**
- b **Rahme alle Nomen ein. Tipp: Ein Nomen steht ohne Begleitwort.**
- c **Kreuze die Nominalisierung an.**

DIE ERDE WAR EINE GLUTHÖLLE, ALS SIE VOR UNZÄHLIGEN JAHREN ENTSTAND. GANZ LANGSAM KÜHLTEN DANN DIE HEISSEN GESTEINSKÖRPER AB UND BILDETEN EINE DÜNNE ERDKRUSTE. DIESE WIRD SEIT URZEITEN IMMER WIEDER DURCH DAS AUFSTEIGEN VON HEISSEM MAGMA AUFGEBROCHEN. AUCH HEUTE NOCH IST DIE ERDE EIN FEUERPLANET.

2
- a **Setze das Nomen *das Feuer* mit seinem Artikel in der richtigen Form ein.**
- b **Nominativ, Genitiv, Dativ oder Akkusativ? Bestimme jeweils den Kasus des eingesetzten Nomens. Markiere es in der angegebenen Farbe.**

Die frühen Menschen mussten mit der Urgewalt ____________________ leben. Buschbrände, bei denen Bäume und Sträucher ____________________ zum Opfer fielen, waren nichts Ungewöhnliches. Aber nach jedem Brand entstand neues Leben, und die Asche verbrannter Gräser und Bäume diente als Dünger. Somit sorgte ____________________ auch für Erneuerung in der Natur. Im Laufe der Zeit nutzten die Menschen ____________________ immer mehr für ihre Zwecke, z. B. zur Jagd oder zur Zubereitung von Speisen, die dadurch schmackhafter und bekömmlicher wurden.

3 **Notiere zu den Texten in den Aufgaben 1 und 2 passende Überschriften. Rahme die Nomen darin ein.**

Text 1: ____

Text 2: ____

Mit Pronomen Nomen und Wortgruppen ersetzen

Information **Pronomen**

Pronomen können Nomen ersetzen oder begleiten. Man unterscheidet drei Pronomenarten:

- **Personalpronomen** (*ich, du, er, sie, es, wir, ihr, sie*) sind **Stellvertreter für Nomen,** z. B.:
  Die Menschen nutzten das Feuer. ~~Die Menschen~~ Sie setzten es auch beim Jagen ein.
  Mit Personalpronomen kann man Wiederholungen vermeiden und die Texte lesbarer gestalten.
  Sie treten wie Nomen in verschiedenen Fällen auf, z. B.: *ich* (Nom.), *mir* (Dativ), *mich* (Akk.).
- **Possessivpronomen** wie *mein, dein, sein, ihr, unser, euer* geben an, zu wem oder wozu etwas gehört, z. B.: *ihre Dörfer.* Sie **begleiten** meistens **Nomen** und stehen dann im gleichen Kasus wie diese.
- **Demonstrativpronomen weisen** besonders deutlich **auf** eine **Person,** eine **Sache** oder einen **Umstand hin** und werden beim Sprechen betont, z. B.: *Kennt ihr diesen Vulkan? Von dem habe ich noch nie gehört.*

1 **a Markiere in den folgenden Rätselsätzen die Personalpronomen grün und die Demonstrativpronomen blau.**
b Für welche Nomen stehen die markierten Pronomen jeweils? Ordne passende Nomen aus dem Kasten zu.

das Feuer • die Asche • der Vulkan • die Flamme • die Glut • der Blitz • der Funke • die Kerze

A Er kann spucken und ist kein Lama. (____________________)

B Sie kann züngeln und ist keine Schlange. (____________________)

C Dieser macht die Nacht taghell. (____________________)

D Wenn diese brennt, wird sie immer kleiner. (____________________)

2 **Mit welchen Personalpronomen kannst du die im Text markierten Nomen und ihre Begleitwörter ersetzen?**
a Bestimme den Kasus der markierten Nomen. Notiere ihn jeweils unter das Nomen.
b Wähle passende Pronomen aus der Tabelle und notiere sie jeweils über das Nomen.

Nominativ:	ich	du	er/sie/es	wir	ihr	sie
Dativ:	mir	dir	ihm/ihr/ihm	uns	euch	ihnen
Akkusativ:	mich	dich	ihn/sie/es	uns	euch	sie

Ohne Feuer keine Entwicklung

Das Feuer wärmte die Urzeitmenschen und spendete den Urzeitmenschen Licht. Mit dem Feuer gelang es den Menschen auch, Nahrung besser aufzubereiten. Die Nahrung wurde dadurch nicht nur schmackhafter, auch Krankheitserreger wurden durch die Hitze abgetötet. Da gebratenes Fleisch viele Nährstoffe enthält, konnten sich die Menschen besser entwickeln. Forscher nehmen an, dass sich bei den Menschen aufgrund der besseren Ernährung das Gehirn vergrößerte. Durch die Beherrschung des Feuers konnten unsere Vorfahren auch in kältere Regionen auswandern. So gelang es unseren Vorfahren, von Afrika aus den Erdball zu erobern.

3 a Kreise im folgenden Text jeweils das Demonstrativpronomen im richtigen Kasus ein.
b Kennzeichne mit einem Pfeil, worauf sich das Demonstrativpronomen bezieht. In einem Fall ist es ein Satz.

Ohne Feuer kein Fortschritt

Im Laufe der Zeit lernten die Menschen, mit Hilfe des Feuers Metall als Werkstoff zu verwenden. Aus *dieser/diesem/diese* konnten sie Waffen, Alltagsgegenstände oder Werkzeuge herstellen. Nicht nur das Feuer, sondern auch die Sonne und Blitze beeinflussten die Kulturen der frühen Menschen so, dass *dieser/diesen/diese* in vielen Religionen auftauchen. Ab dem Mittelalter nutzten die Menschen das Feuer auch, um durch Brandrodung freie Flächen für neue Siedlungen zu schaffen. Einige von *diesen/dieses/diese* haben bis heute den Bestandteil *-rode* im Ortsnamen, z. B. Vockerode oder Wernigerode. Später trieb die Energie des Feuers dann die industrielle Entwicklung voran, denn ohne das Feuer gäbe es weder die Dampfmaschine noch die Eisenbahn. Während *diesem/diese/diesen* den Transport von Gütern erleichterte, veränderte *jenes/jenem/jene* die Arbeit in den Fabriken. Heute verlassen wir uns bei der Energieerzeugung immer noch auf Brennstoffe wie Kohle, Öl und Gas. Doch *den/das/der* hat seinen Preis: Die Luft wird verschmutzt und der Kohlendioxidgehalt steigt an.

4 Verdeutliche mit Possessivpronomen, was wozu gehört. Ergänze passende Pronomen aus dem Kasten.

meine • seine • deinen • ihre • seinen • unseren • ihre • eure • seinen • ihre

Waldbrand!

A Das Feuer sucht sich __________ Weg.

B Tiere flüchten in __________ Höhlen.

C Vögel verlassen __________ Nester.

D Die Flammen verändern __________ Farbe.

E Ein Mensch rettet __________ Besitz.

F Das Feuer verliert endlich __________ Kraft.

5 Ersetze das Nomen *Feuer* im Text durch passende Personalpronomen. Schreibe sie darüber.

Die große Bedeutung, die das Feuer schon immer für den Menschen hatte, wird in vielen alten Geschichten und Sagen deutlich. Laut einer griechischen Sage soll Prometheus das Feuer den Menschen gebracht haben. Und in Erzählungen der neuseeländischen Maori kam das Feuer durch einen Diebstahl auf die Erde.

Feuer spielt auch in vielen Religionen eine wichtige Rolle. Im Hinduismus gilt das Feuer als Verkörperung Gottes. Die Bibel erzählt von Feuer, wenn Gott den Menschen erscheint, und auch im Islam wird Gott häufig mit dem Feuer identifiziert. In Naturreligionen wird dem Feuer oft eine reinigende Wirkung zugesprochen.

Mit Präpositionen Verhältnisse verdeutlichen

Information **Präpositionen (Verhältniswörter)**

- Wörter wie *auf, in, nach, vor, seit* nennt man **Präpositionen.** Sie geben häufig räumliche oder zeitliche **Verhältnisse** an, z. B.: *an der Felswand, seit einigen Stunden.*
- Nach einer Präposition folgt ein **bestimmter Kasus** (Fall):

Präpositionen mit Genitiv:
wegen, während, innerhalb, unterhalb, oberhalb, trotz

Präpositionen mit Dativ:
mit, nach, bei, von, zu, aus, außer, seit

Präpositionen mit Akkusativ:
durch, für, ohne, um, gegen

1 a **Betrachte die folgende Abbildung und überlege, was bei einem Vulkanausbruch vermutlich passiert.**

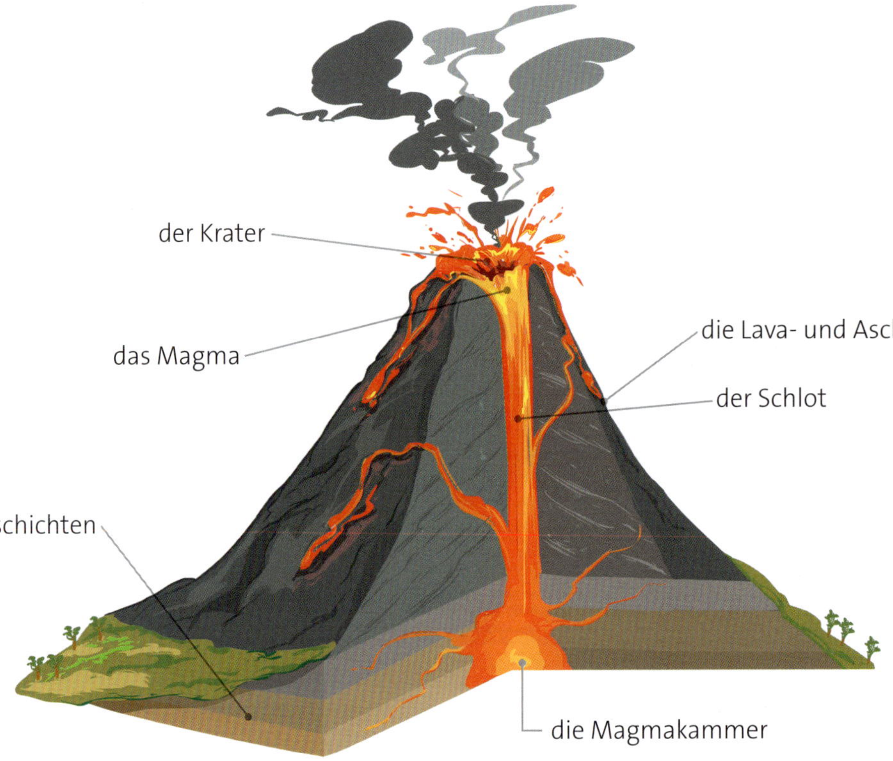

b **Lies den folgenden Lückentext und markiere die sechs Präpositionen.**
c **Notiere in Klammern, welchen Kasus die Präpositionen jeweils fordern: Genitiv (G), Dativ (D) oder Akkusativ (A).**
d **Ergänze mit Hilfe der Abbildung die gesuchten Nomen mit Artikel im richtigen Kasus.**

Ein Vulkan erwacht

Ist der Vulkan aktiv, steigt Lava aus (___) ______________________ durch (___) ______________________ und gelangt zu (___) ______________________.

Oberhalb (___) ______________________ bilden sich dann große Rauchwolken.

Durch (___) herausgestoßene ______________________ vergrößert sich der Umfang des Vulkans. Unterhalb (___) ______________________ befinden sich verschiedene geologische Gesteinsschichten.

Information **Wechselpräpositionen und Verben mit festen Präpositionen**

- Nach den **Wechselpräpositionen** *an, auf, hinter, neben, in, über, unter, vor, zwischen* folgt auf die Frage *Wo?* der **Dativ,** auf die Frage *Wohin?* der **Akkusativ,** z. B.:
  Wir steigen in die Magmakammer hinab. (Wohin?) → in die Magmakammer (= Akkusativ)
  Wir befinden uns in der Magmakammer. (Wo?) → in der Magmakammer (= Dativ)
- **Manche Verben stehen** immer zusammen mit einer **bestimmten Präposition,** z. B.:
  sich interessieren für (+ Akkusativ), aufhören mit (+Dativ), achten auf (+ Akkusativ).

2 a **Markiere die zehn Wechselpräpositionen im Text.**
b **Welcher Kasus folgt jeweils auf die Wechselpräpositionen? Frage *Wo?* oder *Wohin?* und notiere Dativ (D) oder Akkusativ (A).**
c **Ergänze die Nomen im passenden Kasus.**

Ausflug in die Unterwelt

Auf (D) der Insel Island *(die Insel Island)* kann man das Innere des Vulkans Thrihnukagigur besichtigen. In (___) ________________ *(die Magmakammer)* befand sich früher glühendes Magma – heute ruht der Vulkan. Eine 40-minütige Wanderung führt die Besucher an (___) ________________ *(der Rand)* des Kraters. Von dort aus werden die Hobbyforscher in (___) ________________ *(ein Metallkorb)* in (___) ________________ *(der Krater)* abgeseilt. Vorsichtig gleitet der Korb zwischen (___) ________________ *(die Felswände)* immer tiefer in (___) ________________ *(das Erdinnere)*. Plötzlich verbreitert sich der Krater, und ein riesiger Raum wird sichtbar: die Magmakammer. Sie hat einen Durchmesser von 80 Metern und ist 120 Meter hoch. An (___) ________________ *(die Wände)* läuft Wasser hinab. Nach einigen Minuten setzt der Metallkorb auf (___) ________________ *(der Boden)* auf. Die Besucher können nun den eindrucksvollen Raum und die bunt schillernden Felswände bestaunen, bevor es dann wieder zurück an (___) ________________ *(das Tageslicht)* geht.

3 **Wer sich ins Erdinnere wagt, muss ein paar Hinweise beachten.**
a **Schreibe in die Lücken die Präposition, die das Verb jeweils fordert.**
b **Welcher Kasus folgt auf die Präposition? Kreise das passende Nomen ein.**

Bereiten Sie sich sorgfältig ____ *die Reise / der Reise* vor! • Sorgen Sie ____ *einen Rucksack / eines Rucksacks* mit Wasser, Proviant und Notapotheke! • Warnen Sie Ihre Gruppe ____ *rutschigen Stellen / rutschige Stellen!* • Warten Sie ____ *die Anweisungen / den Anweisungen* Ihres Reiseführers! • Denken Sie ____ *angemessener Kleidung / angemessene Kleidung!* • Passen Sie ____ *der anderen Mitreisenden / die anderen Mitreisenden* auf! • Freuen Sie sich ____ *einer spannenden Reise ins Erdinnere / eine spannende Reise ins Erdinnere*!

Mit Adjektiven anschaulich formulieren

Information **Adjektive**

- **Adjektive** machen Texte **anschaulich und lebendig,** da sie jemanden oder etwas **genau beschreiben,** z. B.: *der schwarze Qualm, das unkontrollierbare Feuer.*
- Die meisten **Adjektive** kann man steigern: *klein* (Positiv) – *kleiner* (Komparativ) – *am kleinsten* (Superlativ). **Ausnahmen** bilden Adjektive wie *leer* oder *schwanger.*
- Als **Begleiter des Nomens** hat das Adjektiv nach bestimmtem Artikel die Endung -*e* oder -*en,* z. B.: *die helle Flamme, der großen Flamme, der hellen Flamme.*

1 **a** **Wähle mit Hilfe der Fotos passende Adjektive aus dem Kasten. Ergänze sie im Lückentext in der richtigen Form.**

wirksam • winzig • dick • widerstandsfähig • lang • gierig • grün • klein • fruchtbar • scheu • neu • hellgrün • unvorstellbar

Neues Leben nach dem Buschbrand

A Durch seinen ______________ und ______________ Stamm ist der australische Grasbaum bestens vor Waldbränden geschützt. Nach dem Feuer treibt die Pflanze ______________, ______________ Halme aus und bildet Blüten. Erst durch die Rauchgase öffnen sich die ______________ Samenkapseln, die nun auf die ______________ Erde fallen.

B Auch die Douglasie, eine Tannenart, hat durch ihren Stamm einen ______________ Feuerschutz. Schon kurz nach dem Brand wachsen ______________, ______________ Zweige.

C Die ______________, ______________ Waldmaus findet während des Brands in einem Erdloch Schutz vor den ______________ Flammen und der ______________ Hitze. Nach dem Brand kriecht sie bald wieder heraus.

b **Welche Nomen beschreiben die eingesetzten Adjektive genauer? Markiere sie im Text.**

2 **Notiere vor die folgenden Nomen passende Adjektive im richtigen Kasus.**

aufgrund des ______________ Rauchs, während der ______________ Löschaktion,
durch die ______________ Hitze, nach dem ______________ Brand

Verben verwenden

Information **Verben**

- Mit **Verben** gibt man an, **was jemand tut oder was geschieht**, z. B.:
  Asteroiden kreisen um die Sonne. Sie bilden einen Gürtel. Manchmal verlassen sie die Umlaufbahn.
- Verben verändern im Satz ihre Form. Sie richten sich nach dem Wort, auf das sie sich beziehen. Man nennt diese Form **Personalform**, z. B.: *Der Asteroid fliegt schnell. Die Asteroiden fliegen schnell.*
  Die **Veränderung** der Verben im Satz nennt man **Konjugation:**

	Singular (Einzahl)	Plural (Mehrzahl)
1. Person	*ich flieg**e***	*wir flieg**en***
2. Person	*du flieg**st***	*ihr flieg**t***
3. Person	*er/sie/es flieg**t***	*sie flieg**en***

1 **Welches Verb in Klammern passt? Wähle aus und ergänze die passende Personalform im Präsens.**

Feuerbälle aus dem Weltall

Die meisten Asteroiden ____________________ *(fliegen / fahren / rollen)* glücklicherweise an der Erde vorbei. Manchmal kommt es allerdings vor, dass doch einmal einer unseren Planeten ________________ *(anfahren / anlaufen / ansteuern)*, in die Atmosphäre ________________ *(einlaufen / eintreten / betreten)* und schließlich auf der Erdoberfläche ________________ *(einschlagen / zerstören / auflösen)*. Dann nennen die Wissenschaftler den Himmelskörper „Meteorit“, was vom griechischen Wort „meteoros“ kommt und „in der Luft schwebend“ ________________ *(sagen / verkörpern / bedeuten)*. Asteroiden ________________ *(fliegen / sausen / flattern)* aber nicht planlos durch das All – die meisten dieser Mini-Planeten ________________ *(wohnen / sich befinden / bleiben)* zwischen Mars und Jupiter. Dort ________________ *(erschaffen / machen / bilden)* sie den so genannten Asteroiden-Gürtel, eine Art kosmische Schutthalde, die ständig um die Sonne ________________ *(laufen / kreisen / gehen)*. Hin und wieder kommt es aber vor, dass einzelne Brocken aus ihrer Umlaufbahn geworfen werden. Einige dieser Ausreißer ________________ *(geraten / gehen / fahren)* dann auf Kollisionskurs mit der Erde. Aber zum Glück ________________ *(berühren / treffen / zielen)* sie nicht sehr oft – und fliegen vorbei.

2 **a** **Welche Verben haben eine ähnliche Bedeutung wie das Verb *fliegen*? Notiere sie.**

____

b **Wähle zwei Verben und notiere im Heft ihre Personalformen im Präsens, z. B.: *ich schwebe, du schwebst …***

Mit Adverbien genaue Angaben machen

Information **Adverbien**

- **Adverbien** machen **nähere Angaben zu einem Geschehen.** Sie erklären genau, *wo, wann, wie* oder *warum* etwas geschieht, z. B.: *Die meisten Menschen freuen sich überall auf der Welt über ein Feuerwerk. Gestern haben wir auf der Silvesterfeier Raketen gezündet.*
- Adverbien sind im Gegensatz zu Adjektiven **nicht veränderbar.**

1 **a** **Ergänze im folgenden Text nähere Angaben zum Geschehen. Wähle dafür passende Adverbien aus dem Kasten. Tipp: Die Fragen in Klammern helfen dir bei der Zuordnung.**

leider • nacheinander • dabei • immer • damals • dann • vorher • dort

Explosionen am Himmel

Zu Silvester wird das vergangene Jahr verabschiedet und das neue begrüßt. In vielen Ländern werden ______________ (*Wann?*) Raketen gezündet oder Knallfrösche geworfen – Hauptsache, es macht viel Lärm. Wenn eine Rakete am Himmel explodiert, leuchten ______________ (*Wann?*) verschiedene Farben auf, die durch Chemikalien am Raketenkopf zustande kommen. Als Ursprungsland des Feuerwerks gilt das alte China. Bambusrohre, die mit einer Mischung aus Salpeter, Holzkohle und Schwefel gefüllt waren, huschten ______________ (*Wann?*) zischend über den Boden. Viele Machthaber nutzten das Feuerwerk, um besondere Ereignisse zu feiern – was nicht ______________ (*Wann?*) gelang. Als der englische König Georg II. 1749 einen Friedensschluss feiern wollte, musste er sein Volk ______________ (*Wie?*) enttäuschen. Die Knaller explodierten ______________ (*Wann?*) und die Zuschauer lachten ihn aus. In Japan heißen Feuerwerke *Hanabi* – auf Deutsch: Feuerblumen. Die Ausbildung zum Feuerwerker dauert ______________ (*Wo?*) zehn Jahre, weil das Spiel mit dem Feuer alles andere als ein Kinderspiel ist: Bis zu 400 Kilogramm schwere Kugelbomben werden ______________ (*Wann?*) abgeschossen, die bei der Explosion farbenprächtige Bilder wie Blumen oder Wasserfälle an den Himmel zeichnen.

b **Ort, Zeit oder Art und Weise – Welche Angaben hast du ergänzt? Markiere die eingesetzten Adverbien in der zutreffenden Farbe.**

Adverbien des Ortes	Adverbien der Zeit	Adverbien der Art und Weise

2 **Schreibe fünf Sätze zum Thema *Feuerwerk* ins Heft. Verwende darin Adverbien aus dem Kasten von Aufgabe 1, z. B.:** *Wir zünden die Raketen nacheinander.*

Wörter bilden und verstehen

Information **Wortbildung: Wortzusammensetzungen und Ableitungen**

- Mit **Wortzusammensetzungen** (Komposita) kann man Dinge und Sachverhalte genauer beschreiben. Sie werden gebildet aus: **Bestimmungswort** *(Lager-)* + **Grundwort** *(-feuer)*.
  – Das Grundwort gibt an, worum es sich handelt. *(Es handelt sich um Feuer.)*
  – Das Bestimmungswort erklärt die Bedeutung genauer. *(Das Feuer gehört zu einem Lager.)*
- Mit **Präfixen** (Vorsilben) und **Suffixen** (Nachsilben) kann man von Wörtern **Ableitungen** und damit neue Wörter bilden, z. B.: *bearbeiten, Verarbeitung, arbeitsam.*
  – **Verben** bildet man mit den Präfixen *be-, ver-, er-, ent-, zer-, miss-.*
  – **Adjektive** bildet man mit den Suffixen *-ig, -bar, -lich, -haft, -isch, -sam, -selig.*
  – **Nomen** bildet man mit den Suffixen *-er, -in, -nis, -keit, -heit, -ung, -schaft, -tum.*
- Wörter mit einheitlichem **Wortstamm** gehören zu einer **Wortfamilie.**

1 **a Bilde Wortzusammensetzungen wie in Satz A.**
b Markiere in deinen Wortzusammensetzungen das Grundwort grün und das Bestimmungswort blau.

A Ein Mann, der für die Feuerwehr arbeitet, ist ein Feuerwehrmann.

B Ein Ball, der aus Feuer besteht, ist ein ______.

C Ein Feuer, das im Busch ausbricht, ist ein ______.

D Eine Leiter, über die man bei einem Feuer flüchten kann, ist eine ______.

E Ein Feuer, das im Kamin brennt, ist ein ______.

2 **a Welche Redewendung wird in dem folgenden Text erklärt? Unterstreiche sie.**
b Markiere im Text alle Wortzusammensetzungen mit Nomen.

Wenn Neuigkeiten sich besonders schnell herumsprechen, sagt man, sie verbreiten sich „wie ein Lauffeuer". Dieses „Lauffeuer", das natürlich nichts mit dem Verb „laufen" zu tun hat, stammt aus dem 17. Jahrhundert. Man bezeichnete damit eine Schießpulverspur, die man zur Fernzündung einer Sprengladung entfachte. Die Redewendung bezieht sich darauf, wie rasend schnell die Pulverspur verbrannte und sich die Flammen ihren Weg bahnten.

3 **Bilde aus den folgenden Wortstämmen, Präfixen und Suffixen Ableitungen. Ordne sie nach Wortfamilien.**

be-, ver-, ent- | -stell- | -brauch- | -schreib- | -bar, -er, -ung

bestellen, ______

______

______

Teste dich! – Wortarten

1 Veranschauliche die Nomen. Ergänze dafür passende Adjektive aus dem Kasten in der richtigen Form.

PUNKTE |5

schmutzig • gefährlich • alt • bunt • stark • spannend • groß • laut

A Ein ____________________ Großeinsatz: Feuerwehr bringt Flammen in Fabrik unter Kontrolle

B Hamburg: Neues Kreuzfahrtschiff wird mit einem ____________________ Feuerwerk begrüßt

C Australien: Ein ________________ Wind entfacht Buschbrand

D Wochenend-Workshop für Kinder und Jugendliche: Viele ________________ Experimente rund ums Feuer

E Brasilien: ____________________ Landgewinne durch Brandrodung

2 a Ergänze die Präpositionen, die die Verben fordern.

PUNKTE |6

b Notiere die Nomen in Klammern im richtigen Kasus.

PUNKTE |6

A Wir sprechen _______ ____ (die Geschichte des Feuers).

B Ich rede _______ ____ (die Entdeckung des Feuers).

C Du erzählst _______ ____ (der Ausbruch des Vulkans).

D Sie berichtet _______ ____ (die Ausbildung zum Feuerschlucker).

E Er fragt _______ ____ (die Aufgaben der Feuerwehr).

F Ihr wundert euch _______ ____ (die Besonderheiten des Feuers).

3 a Ersetze die markierten Wörter jeweils durch ein Pronomen. Schreibe die Pronomen darüber.
b Personalpronomen (Pers.), Possessivpronomen (Poss.) oder Demonstrativpronomen (Dem.)? Kreuze an, welche Pronomenart du verwendet hast.

PUNKTE |4

PUNKTE |4

	Pers.	Poss.	Dem.
A Beim Schmieden erwärmt das Feuer Metalle. Die Metalle werden dadurch formbar.	☐	☐	☐
B Das Schmiedehandwerk entstand vor vielen tausend Jahren. Das Handwerk existiert bis heute.	☐	☐	☐
C Die Vorfahren schmiedeten Waffen, Werkzeuge und Schmuck aus Metall.	☐	☐	☐
D Heute stellt man mit dem Verfahren Bauteile für Maschinen, Flugzeuge oder Schiffe her.	☐	☐	☐

4 Vergleiche deine Antworten mit den Angaben im Lösungsheft und zähle deine Punkte zusammen.

☺ 25–22 Punkte	😐 21–14 Punkte	☹ 13–0 Punkte
Großartig! Du bist ein Wortartengenie!	Nicht schlecht! Mit welchen Wortarten hattest du Probleme? Wiederhole passende Übungen.	Oje! Du solltest noch einmal üben! Arbeite S. 41–49 erneut durch.

Die Zeitformen des Verbs – Feuerhelden

Gegenwärtiges und Zukünftiges ausdrücken: Präsens und Futur

Information **Das Präsens** (die Gegenwartsform) **und das Futur I** (die Zukunftsform)

- Das **Präsens** wird meistens verwendet, wenn man sagen will, dass etwas **jetzt geschieht**, z. B.: *Der Stuntman springt aus dem Fenster.*
- Das Präsens wird auch gebraucht, um **Gewohnheiten** und **Dauerzustände** zu beschreiben, z. B.: *Der Beruf des Stuntmans ist herausfordernd. Regelmäßiges Training gehört zur Ausbildung.*
- Mit dem **Futur I** drückt man Zukünftiges aus. So wird es gebildet: Präsensform von ***werden*** + **Infinitiv,** z. B.: *Das Filmteam wird einen Film drehen.* Man kann auch das **Präsens** verwenden, um über **Zukünftiges** zu sprechen. Dann ergänzt man Zeitangaben wie *morgen* oder *nächstes Jahr*, z. B.: *Morgen beginnt der Filmdreh.*

1 **Ergänze passende Verben in der richtigen Präsensform.**

bedeuten • gehen • sein • vertreten • passieren • stehen • stammen • bleiben • brennen

Die Feuerkünstler

Kein Action-Film ohne Stuntman: Ein Stuntman ______ immer gefragt, wenn es in einer Filmszene richtig zur Sache ______. Das Wort „Stunt“ ______ aus dem Englischen und ______ Trick oder Kunststück. Stuntmen ______ viele Filmstars bei gefährlichen Aktionen, so auch bei Szenen mit Feuer. Manchmal ______ ein Stuntman dabei komplett in Flammen, dennoch ______ er gelassen: Schließlich ______ nicht er, sondern eine spezielle Brennpaste. Ihm ______ dabei nichts.

2 **Ein Stuntman spricht von seinen Aufgaben im nächsten Film. Formuliere mit Hilfe der Angaben im Kasten vier Aussagen im Futur I.**

eine Verfolgungsjagd spielen • aus dem Fenster eines Hochhauses springen • durch ein brennendes Haus rennen • eine Prügelei vortäuschen

Jn dem Film werde ich ______

______

______

______

3 **Schreibe die Aussagen von Aufgabe 2 im Präsens ins Heft. Zeige mit einer Zeitangabe, dass es um Zukünftiges geht.**

Vergangenes ausdrücken: Das Perfekt

Information **Das Perfekt** (zusammengesetzte Vergangenheitsform)

- Das **Perfekt** ist eine **Zeitform der Vergangenheit.** Man verwendet es in der Regel, wenn man **mündlich** über Vergangenes erzählt oder berichtet, z. B.: *Ich habe als Stuntman in England gearbeitet.*
- Verben im Perfekt bestehen immer aus **zwei Teilen:** Präsensform von ***haben* oder *sein* + Partizip II,** z. B.: *Wir haben eine spannende Szene gedreht. Ich bin durch ein brennendes Haus gelaufen.*
- Das **Partizip II** beginnt meist mit der Vorsilbe ***ge-***, z. B.: *gelaufen, gedreht, gesprungen, gefahren.*

1 a **Lies den folgenden Auszug aus einem Interview mit dem Stuntman Hermann Joha. Unterstreiche alle Verbformen im Perfekt.**

Süddeutsche Zeitung: Herr Joha, Sie sind heute einer der erfolgreichsten Action-Produzenten Europas. Wie hat Ihre Karriere begonnen?

Joha: Als 14-Jähriger sah ich in meiner Heimatstadt Lohr eine Auto-Artistentruppe. Mir war sofort klar, dass ich so etwas auch machen möchte. Mit 17 Jahren bin ich dann nach England zu den Helldrivers gegangen, da hat meine eigentliche Karriere als Stuntman begonnen. Dort habe ich meinen Beruf von der Pike auf gelernt.

b **Hermann Joha verwendet in seiner Antwort zwei Verbformen im Präteritum (▶ S. 53). Schreibe die Sätze ins Perfekt um.**

____

____

____

2 **Ein Stuntman erinnert sich an seine Aufgaben während des letzten Filmdrehs. Bilde zu den Infinitiven in Klammern die jeweils passende Perfektform.**

„Wir __________ jeden zweiten Tag __________ *(drehen)*. Ich __________ meinen Kollegen bei den Vorbereitungen __________ *(helfen)*. Wir __________ Autos für waghalsige Sprünge __________ *(vorbereiten)*. Dafür __________ wir auch die Sprungschanzen __________ *(bauen)*. Ich __________ selbst mit einem Auto über eine Schanze __________ *(springen)*. Später __________ wir um die Wette __________ *(fahren)* und __________ ein paar abschließende Tests __________ *(durchführen)*."

3 **Setze den Bericht des Stuntmans von Aufgabe 2 fort. Denke dir Sätze aus und verwende Verben im Perfekt.**

____

____

Vergangenes ausdrücken: Das Präteritum

Information **Das Präteritum** (einfache Vergangenheitsform)

- Das **Präteritum** ist eine **Zeitform der Vergangenheit.** Man verwendet es in der Regel, wenn man **schriftlich** über Vergangenes erzählt oder berichtet, z. B.: *1962 löschte Red Adair eine riesige Feuersäule.*
- So wird die Präteritumform gebildet:
  - Bei **schwachen Verben** wird ein *t* eingefügt und die Endung der Personalformen verändert, z. B.: *löschen – ich löschte, du löschtest, er löschte, wir löschten, ihr löschtet, sie löschten.*
  - **Starke Verben** verändern im Präteritum ihren **Stammvokal**, z. B.: *fallen – ich fiel, du fielst, er fiel, wir fielen, ihr fielt, sie fielen.* Die Präteritumformen der **starken Verben** musst du dir **merken.**

1 **Lies den folgenden Text und unterstreiche alle Verbformen im Präteritum.**

Red Adair – Einer der berühmtesten Feuerwehrmänner der Welt

Der amerikanische Feuerwehrmann Paul Neal Adair erlangte 1962 Berühmtheit durch das Löschen einer brennenden Gasquelle in der algerischen Sahara. Adair entwickelte spezielle Feuerbekämpfungsmethoden. Feuer an kaputten Gasleitungen bekämpfte er durch gezielte Sprengstoffexplosionen: Diese Explosionen verbrauchten so viel Sauerstoff, dass die Ölfeuer dadurch erstickten.

2 **Bilde zu den Infinitiven in Klammern die jeweils passende Präteritumform.**

Als 1962 an einer algerischen Gasquelle ein gewaltiges Feuer ____________________ (*ausbrechen*), ____________________ (*bezeichnen*) Journalisten die etwa 250 Meter hohe Feuersäule als „Feuerzeug des Teufels". Paul Neal Adair ____________________ (*beeindrucken*) das wenig. Langsam, Meter für Meter, ____________________ (*sich nähern*) der Feuerwehrmann am 28. Mai 1962 der Feuerquelle mit seiner explosiven Fracht, mehr als 300 Kilogramm Sprengstoff. Schließlich ____________________ (*erreichen*) er die richtige Position. Blitzschnell ____________________ (*springen*) er aus dem Bulldozer und ____________________ (*rennen*) zum sicheren Unterstand. Dort ____________________ (*drücken*) er den Sprenghebel, und das Sprengstoff-Fass ____________________ (*explodieren*) in einem Feuerball. Die Explosion ____________________ (*ersticken*) die Feuersäule und Paul Neal Adair, den alle wegen seiner roten Haare nur „Red" ____________________ (*nennen*), ____________________ (*werden*) weltberühmt.

3 **Was hättest du Red Adair nach der Aktion gern gefragt? Formuliere Fragen mit Verben im Präteritum.**

Eine Abfolge in der Vergangenheit zeigen: Das Plusquamperfekt

Information **Das Plusquamperfekt** (die Vorvergangenheit)

- Wenn etwas zeitlich **vor dem passierte,** wovon im **Präteritum** oder im **Perfekt** gesprochen wird, verwendet man das **Plusquamperfekt**, z. B.:
  Nachdem er über sein Vorhaben Auskunft gegeben hatte, stellten die Journalisten weitere Fragen.
- So bildet man das **Plusquamperfekt: Präteritumform von *haben* oder *sein* + Partizip II**, z. B.:
  er hatte geantwortet, er war gefahren.

1 **a** **Welches Ereignis fand zuerst statt? Unterstreiche in A und B den Satz, der das frühere Ereignis benennt.**
b **Verknüpfe in A und B die beiden Sätze: Verwende für die Vorvergangenheit das Plusquamperfekt und die Konjunktion *nachdem*. Setze auch das jeweils nötige Komma.**

A Adair löschte die riesige Feuersäule. Die Öffentlichkeit interessierte sich für ihn.

Nachdem Adair

B Hollywood hörte von Adairs Geschichte. Sein Leben wurde verfilmt.

2 **a** **Lies den folgenden Text und markiere die Textstelle, in der über die Vorvergangenheit berichtet wird.**
b **Präteritum oder Plusquamperfekt? Setze die Verben in die richtige Zeitform und schreibe den Text ins Heft.**

Es *(dauern)* nicht lange, bis Hollywood in den 1960er Jahren auf die Geschichte des „Katastrophenkillers", wie einer der Spitznamen von Adair *(lauten)*, aufmerksam *(werden)*. Adairs Leben *(sich anhören)* in der Tat wie ein Abenteuerfilm: 1951 *(fliehen)* er in letzter Minute von einem kolumbianischen Bohrfeld. Die Pfeile feindlicher Indianer *(sich bohren)* bereits in die Tragflächen seines Flugzeugs. Als man dann 1968 den Film „Hellfighters" (deutscher Titel: „Die Unerschrockenen") *(drehen)*, *(einbringen)* Adair sein Fachwissen bei den Dreharbeiten.

3 **Bevor Red Adair 1968 dem Kinopublikum bekannt wurde, war einiges passiert.**
Fasse die wichtigsten Ereignisse zusammen: Bilde mit folgenden Stichworten Sätze im Plusquamperfekt.

Einsätze über einem kolumbianischen Bohrfeld fliegen • eine brennende Gasquelle löschen • Hunderte Interviews geben • über seine waghalsigen Löschversuche berichten

Bevor Red Adair durch den Film „Hellfighters" bekannt wurde, war er Einsätze

Teste dich! – Die Zeitformen des Verbs

1 a Präsens, Futur I, Perfekt, Präteritum oder Plusquamperfekt? Notiere hinter die folgenden Schlagzeilen jeweils die Zeitform des Verbs. Tipp: Nicht alle Zeitformen tauchen auf. PUNKTE |5

A Film über Paul „Red" Adair kommt bald in die Kinos! ______

B Regisseur: „Red" Adair hat Geschichte geschrieben! ______

C Mitgliedszahlen bei der freiwilligen Feuerwehr sinken seit Jahren ______

D Experte nach Löschung: „Mit einer solchen Hitzeentwicklung hatten wir nicht gerechnet!" ______

E Gab es im Mittelalter schon eine Feuerwehr? ______

b Zwei der Schlagzeilen A bis E stehen im Präsens. In welcher drückt das Präsens etwas aus, das in der Zukunft passiert? In welcher geht es um einen Dauerzustand? Markiere in den angegebenen Farben. PUNKTE |2

2 Ergänze die Verben in Klammern in der passenden Zeitform. PUNKTE |4

Feuer ______ *(bezeichnen)* die Flammenbildung bei der Verbrennung. Voraussetzungen für ein Feuer ______ *(sein)* ein Brennstoff und Sauerstoff. Die Nutzung des Feuers ______ *(spielen)* seit Beginn der Menschheit eine große Rolle für den Menschen. Auch in der Zukunft ______ *(beeinflussen)* das Feuer das Leben der Menschen weiterhin stark ______.

3 a Welches Ereignis fand zuerst statt?
Unterstreiche in A, B und C jeweils den Satz, der das frühere Ereignis benennt. PUNKTE |3
b Verknüpfe die Sätze: Verwende für die Vorvergangenheit das Plusquamperfekt und die Konjunktion *nachdem*. Setze auch das jeweils nötige Komma. PUNKTE |6

A Eine Ölplattform fing Feuer. Sie versank im Meer.

______

B In Ecuador brach ein Vulkan aus. Man siedelte die Bergdörfer um.

______

C Die Feuerwehr befreite einen Elch. Sein Geweih verhakte sich in einem Baum.

______

4 Vergleiche deine Antworten mit den Angaben im Lösungsheft und zähle deine Punkte zusammen.

☺ 20–18 Punkte	☺ 17–11 Punkte	☹ 10–0 Punkte
Prima! Du wirst hiermit zum Tempusexperten ernannt!	Gar nicht schlecht! Mit welchen Zeitformen hattest du Probleme? Wiederhole passende Übungen.	Du solltest unbedingt noch einmal üben! Arbeite S. 51–54 erneut durch.

Aktiv und Passiv – Was Feuer kann

Aktivsätze und Passivsätze unterscheiden

Information **Aktiv und Passiv**

Aktiv und Passiv sind **Formen von Verben,** die ein Geschehen unterschiedlich darstellen:
- Im **Aktiv** wird betont, **wer** etwas tut oder wer handelt, z. B.: *Du stellst eine Feueruhr her.*
- Im **Passiv** steht die **Handlung** im Mittelpunkt, z. B.: *Eine Feueruhr wird hergestellt.*
- Mit dem **Passiv** kann man den **Handelnden (den Täter) verschweigen,** wenn er nicht wichtig oder unbekannt ist (z. B. in Vorschriften, Versuchen, Rezepten, Spielanleitungen).
  Man kann den Handelnden aber auch im Passivsatz mit *von* angeben, z. B.:
  Die Feueruhr wird von dir hergestellt.

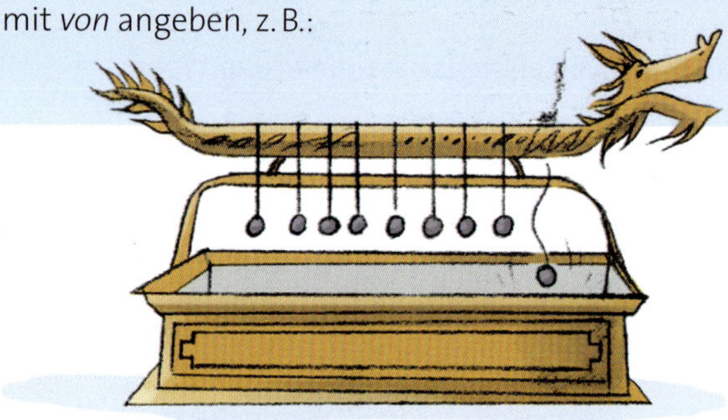

1 **Die chinesische Feueruhr wurde in Tempeln benutzt, um die Meditationszeiten der Mönche einzuteilen.**
a **Lies den Text und markiere alle Verbformen.**

Bau einer chinesischen Feueruhr

Für den Bau einer chinesischen Feueruhr verwendet man eine längliche Figur, beispielsweise einen Drachen, Räucherstäbchen, neun Fäden mit Bleikugeln am Ende, eine Zinnwanne mit neun Bügeln sowie eine Klangschale. In den Hohlraum der Figur wird die Zinnwanne mit den Bügeln eingebaut. Auf diese Bügel legt man anschließend ein Räucherstäbchen. Über das Räucherstäbchen werden die neun Fäden mit den Bleikugeln gehängt, und die Klangschale wird daruntergestellt.

Wenn das Räucherstäbchen angezündet wird, brennen die über ihm hängenden Fäden in bestimmten Abständen durch. Dadurch fallen die Bleikugeln in die darunter stehende Klangschale. Durch jede auftreffende Kugel wird ein Gong ausgelöst.

b **Unterstreiche alle Aktivsätze blau und alle Passivsätze grün.**
c **Formuliere die Passivsätze in Aktivsätze um:**
– **Prüfe, ob ein Handelnder/Täter mit *durch* oder *von* angegeben wird. Wenn nicht, verwende *man* als Subjekt.**
– **Bilde die Aktivform des Verbs und formuliere den Satz.**

– In den Hohlraum der Figur baut man

Aktivsätze und Passivsätze bilden

Information Bildung der Passivform

- So wird das Passiv gebildet: **Personalform des Hilfsverbs *werden* + Partizip II,** z. B.: *sie wird hergestellt.*

1 **Die Feueruhr, die im alten China verwendet wurde (▶ S. 56), kann man mit einfachen Mitteln nachbauen.**

a **Betrachte die Abbildung. Welche Materialien werden für die Herstellung benötigt? Notiere sie rechts.**

Materialliste:

b **Bereite eine Vorgangsbeschreibung für den Bau der Feueruhr vor. Bilde dafür die Aktiv- und Passivformen der angegebenen Arbeitsschritte.**

Arbeitsschritte	Aktivform mit *man*	Passivform
1. Materialien zurechtlegen	*Man legt die Materialien zurecht.*	*Die Materialien werden zurechtgelegt.*
2. Kerze ankleben		
3. Murmeln an Fäden binden		
4. Abstände an Kerze abmessen		
5. Fäden an Kerze befestigen		
6. Teller unter Kerze stellen		
7. Kerze anzünden		

c **Was passiert, wenn die Kerze brennt? Setze den Schlusssatz im Aktiv oder Passiv fort.**

Wenn die Kerze

2 a **Verfasse mit Hilfe der Angaben in Aufgabe 1 eine vollständige Vorgangsbeschreibung für den Bau der Feueruhr im Heft. Verwende abwechselnd Sätze im Aktiv und Passiv, damit dein Text nicht eintönig klingt.**

b **Unterstreiche in deinem Text alle Aktivsätze blau und alle Passivsätze grün.**

Passivformen in unterschiedlichen Zeitformen verwenden

Information **Aktiv und Passiv in den verschiedenen Zeitformen**

- So wird das **Passiv** in den verschiedenen **Zeitformen** gebildet:

	Aktiv	Passiv
Präsens:	*ich bearbeite*	*das Metall wird bearbeitet*
Präteritum:	*ich bearbeitete*	*das Metall wurde bearbeitet*
Perfekt:	*ich habe bearbeitet*	*das Metall ist bearbeitet worden*
Plusquamperfekt:	*ich hatte bearbeitet*	*das Metall war bearbeitet worden*

1 **Unterstreiche im Text die Verbformen und notiere ihre Zeitform in Klammern:** ***Präsens (Präs.), Präteritum (Prät.), Perfekt (Perf.)*** **oder** ***Plusquamperfekt (Plus.)?***

Ohne Feuer geht nichts – Das Schmiedehandwerk

A Durch das Schmiedehandwerk wurden viele verschiedene Berufszweige hervorgebracht. (________)

B Im Mittelalter wurden an fast jeder Burg ein Hufschmied und ein Waffenschmied angestellt. (________)

C Den Schmieden wurde damals von der Bevölkerung großes Ansehen entgegengebracht. (________)

D In ihren Werkstätten wurden Pferde beschlagen, Pflüge repariert und Waffen geschmiedet. (________)

E Diese Burgschmieden wurden wegen der Brandgefahr meist in einem eigenen Gebäude untergebracht, manchmal wurden die Schmiedearbeiten aber auch im Freien erledigt. (________)

F Nachdem das Metall von den Handwerkern im Feuer zur Rotglut gebracht worden war (________), wurde es von ihnen mit dem Schmiedehammer auf dem Amboss bearbeitet. (________)

G Auch heute noch wird das Schmiedehandwerk ausgeübt, allerdings werden die Handwerker Metallbauerin oder Metallbauer genannt. (________)

2 **Durch die einheitliche Verwendung von Passivformen klingen die Sätze in Aufgabe 1 eintönig. Forme die Sätze A, C und F in Aktivsätze um:**
- **Prüfe, ob der Handelnde mit *von* oder *durch* angegeben wird. Wenn nicht, musst du überlegen, wen du als Handelnden (Subjekt) im Aktivsatz anführen kannst.**
- **Bilde die Aktivform des Verbs. Behalte die Zeitform bei.**

A Das Schmiedehandwerk brachte ______________________________

____

____

____

____

3 **Formuliere auch die Sätze B, D, E und G in Aktivsätze um und schreibe sie ins Heft. Überlege dir bei jedem Satz, wer der Handelnde sein könnte, oder verwende *man*.**

Teste dich! – Aktiv und Passiv

1 a Unterstreiche im folgenden Text alle Aktivsätze blau und alle Passivsätze grün.

PUNKTE |11

Erfindung der Watt'schen Dampfmaschine

In der Mitte des 18. Jahrhunderts wurden in England große Mengen Kohle und Eisenerz aus Schächten tief unter der Erde gefördert. In den Bergwerken waren unzählige Pumpen in Betrieb. Damit pumpte man das eindringende Wasser ab. Diese Pumpen wurden von Dampfmaschinen angetrieben. Man beheizte diese Maschinen mit Kohlen. Durch die Hitze wurde aus Wasser Wasserdampf erzeugt. Und den Druck des Wasserdampfes nutzte man zum Antrieb der Pumpen. Auf diese Weise wurde jedoch ein großer Teil der geförderten Kohle gleich wieder zum

Heizen der Dampfkessel verbrannt – eine große Verschwendung. James Watt, Tüftler und Nachdenker an der Universität in Glasgow, suchte nach einer Lösung – und fand sie. 1788 entwickelte er die Watt'sche Dampfmaschine. Von nun an wurde weniger Brennstoff verbraucht.

b In welcher Zeitform steht der Text? Kreuze an.

PUNKTE |1

☐ Präsens ☐ Perfekt ☐ Präteritum ☐ Plusquamperfekt

c Formuliere drei Passivsätze aus dem Text in Aktivsätze um.

PUNKTE |3

____

____

____

____

d Formuliere drei Aktivsätze aus dem Text in Passivsätze um.

PUNKTE |3

____

____

____

____

2 Vergleiche deine Antworten mit den Angaben im Lösungsheft und zähle deine Punkte zusammen.

☺ 18–15 Punkte	😐 14–10 Punkte	☹ 9–0 Punkte
Genial! Du beherrschst die Aktiv- und Passivformen der Verben!	Nicht schlecht! Womit hattest du Probleme? Wiederhole passende Übungen.	Du solltest unbedingt noch einmal üben! Arbeite S. 56–58 erneut durch.

Sätze und Satzglieder – Nichts als Luft?

Satzglieder erkennen: Subjekt, Prädikat, Objekt

Information **Satzglieder: Subjekt, Prädikat, Objekt**

- Das **Prädikat** bildet den **Satzkern.** Es ist immer die Personalform des Verbs, z. B.:
  Die Atmosphäre bildet eine Schutzhülle.
  Mehrteilige Prädikate bilden eine Prädikatsklammer, z. B.: *Die Atmosphäre stellt eine Schutzhülle dar.*
- Das **Subjekt** kann man mit Hilfe des Prädikats und der Frage *Wer oder was?* erfragen.
  Es steht immer im Nominativ, z. B.:
  Die Atmosphäre bildet eine Schutzhülle. Wer oder was bildet eine Schutzhülle? → *die Atmosphäre*
- Viele Sätze enthalten außer Prädikat und Subjekt auch **Objekte.** So erfragt man sie:

Dativobjekt (*Wem?*)	**Akkusativobjekt** (*Wen oder was?*)	**Genitivobjekt** (*Wessen?*)
Eine Atmosphäre fehlt anderen Planeten. Wem fehlt eine Atmosphäre? → *anderen Planeten*	*Die Atmosphäre bildet eine Schutzhülle. Wen oder was bildet die Atmosphäre?* → *eine Schutzhülle*	*Der Wissenschaftler beschuldigt ihn des Betrugs. Wessen beschuldigt ihn der Wissenschaftler?* → *des Betrugs*

1 **a** **Erfrage das Subjekt in den Sätzen A, B und C jeweils mit *Wer oder was …?* Notiere die Fragen.**
b **Ergänze in den Sätzen ein passendes Subjekt.**

A ______________________ bietet dir eine bequeme Schlafgelegenheit.

Wer oder was bietet dir ______________________

______________________ ?

B ______________________ schmückt jede Party.

____

C ______________________ fliegt dem Kind davon.

____

c **Markiere in den Sätzen A, B und C jeweils das Prädikat.**
d **Stelle jeden Satz einmal um und rahme die Satzglieder ein.**

A *Eine bequeme Schlafgelegenheit bietet dir*

B ______________________

C ______________________

e **Wie viele Satzglieder haben die Sätze A, B und C jeweils? Notiere die Anzahl.**

A: ____ Satzglieder B: ____ Satzglieder C: ____ Satzglieder

2 **a** **Rahme das Prädikat des folgenden Satzes ein.**

Unser Planet bietet vielen Lebewesen einen Lebensraum.

b **Erfrage alle weiteren Satzglieder. Notiere die vollständigen Fragen.**

Wer oder was bietet ____?

Wem ____?

____?

c **Markiere im Satz oben das Subjekt orange, das Dativobjekt blau und das Akkusativobjekt grün.**

3 **a** **Bilde aus den folgenden Satzgliedern sinnvolle Sätze.**

A enthält • lebensnotwendigen Sauerstoff • die Luft

____

B atmen ein • das wichtige Gas • Menschen und Tiere

____

C beweist • die Wissenschaftlerin • die Luftverschmutzung • den Passanten

____

D gibt • interessierten Zuhörern • eine Broschüre • sie

____

b **Rahme in den Sätzen A bis D das Prädikat ein. Markiere die Subjekte orange, Dativobjekte blau und Akkusativobjekte grün.**

4 **Akkusativobjekt, Dativobjekt oder Genitivobjekt?**
Bilde aus den Wörtern in Klammern passende Objekte und notiere sie in die Lücken.

Luft besteht aus verschiedenen Gasen. Die Erdanziehungskraft bindet ____________________ (*die Gasteilchen*) an die Erdoberfläche. Diese bilden ____________________ (*die Atmosphäre*). Die Atmosphäre bietet ____________________ (*alle Lebewesen*) ____________________ (*wichtiger Schutz*) vor schädlichen Strahlen. Sie bedarf ____________________ (*die Durchmischung*), so treten die Gase der Atmosphäre mit der Erdkruste, den Ozeanen und allen Lebewesen in Wechselwirkung.

5 **Formuliere im Heft Sätze mit Subjekt, Dativobjekt und Akkusativobjekt. Nutze folgende Verben als Prädikate.**

geben • erklären • leihen • schulden • empfehlen • anbieten

Attribute in Satzgliedern entdecken

Information **Satzgliedteil: Das Attribut** (Beifügung)

- Ein **Attribut** beschreibt ein Bezugswort (meist ein Nomen) näher. Es ist **Teil eines Satzglieds** und bleibt bei der Umstellprobe mit dem Bezugswort verbunden, z. B.:
  Die Besteigung des Berges war eine große Sensation. – Eine große Sensation war die Besteigung des Berges.
- Man unterscheidet verschiedene Formen des Attributs: Adjektivattribut (*die gefährliche Besteigung*), Präpositionalattribut (*die Besteigung ohne Ausrüstung*) oder Genitivattribut (*die Besteigung des Berges*).

1 a **Im folgenden Text fehlen Angaben. Ordne die Attribute aus dem Kasten richtig zu.**

an Sauerstoffteilchen • ~~der Erde~~ • des Sauerstoffs • der Luft • aus der Flasche • dieses Berges • höchsten • der Welt

Je höher, desto dünner

Die Atmosphäre *der Erde* besteht aus verschiedenen Schichten.

Neunzig Prozent ______________ befinden sich in der unteren Atmosphärenschicht.

Dadurch nimmt der Luftdruck nach oben hin ab, und der Anteil ______________ wird geringer.

Viele Menschen bekommen deshalb ab einer Höhe von 2000 Metern die Höhenkrankheit:

Die Abnahme ______________ verursacht Kopfschmerzen, Übelkeit und Atemnot.

Wer also den ______________ Berg ______________, den Mount Everest, erklimmen will, sollte das nicht ohne eine extra Portion Sauerstoff tun. Deshalb war es auch eine Sensation, als die Extrembergsteiger Reinhold Messner und Peter Habeler den Gipfel ______________ 1978 als erste Menschen ohne Sauerstoff ______________ bezwangen.

b **Rahme im Text die Satzglieder ein, zu denen die Attribute jeweils gehören.**
c **Markiere Adjektivattribute grün, Präpositionalattribute blau und Genitivattribute orange.**
d **Stelle die Satzglieder des ersten Satzes um und rahme alle Satzglieder ein.**

____

2 a **Rahme in dem folgenden Satz die drei Satzglieder ein.**

Die Bergsteiger Messner und Habeler bestiegen den Gipfel.

b **Erweitere das Subjekt und das Objekt um passende Attribute.**

____

____

Satzglieder erkennen: Adverbiale Bestimmungen

Information **Satzglied: Adverbiale Bestimmung – Angabe zu näheren Umständen**

- **Adverbiale Bestimmungen** sind **Satzglieder,** die zusätzliche **Informationen zu einem Geschehen** geben.
- Sie können aus **einzelnen Wörtern** bestehen oder aus **Wortgruppen,** z. B.:
Nach einer Weile dreht sich der Ball aufgrund des Windstroms langsam in der Luft.

Adverbiale Bestimmung	Fragen	Beispiel
der Zeit	*Wann? Wie lange?*	*nach einer Weile*
des Ortes	*Wo? Woher? Wohin?*	*in der Luft*
der Art und Weise	*Wie? Woraus? Womit?*	*langsam*
des Grundes	*Warum? Warum nicht?*	*aufgrund des Windstroms*

1 **a Der folgende Text beschreibt eine bekannte „luftige Erfindung". Was ist gemeint? Kreuze unten an.**

Ohne ihn könnte man keinen heißen Sommertag aushalten.

Er wurde 1902 wegen starker Hitze entwickelt.

Er kann an der Decke hängen. Er kühlt Raumluft durch rotierende Metallblätter.

Es handelt sich um ...

A ☐ einen Kühlschrank. B ☐ einen Ventilator. C ☐ die Klimaanlage.

b Rahme in den Sätzen die einzelnen Satzglieder ein.

c Markiere die adverbialen Bestimmungen in den folgenden Farben:
adverbiale Bestimmungen der Zeit blau, des Ortes rot, der Art und Weise grün, des Grundes gelb.
Tipp: Erfrage sie mit den Fragewörtern aus dem Informationskasten.

2 **a Bälle können tanzen! Betrachte die Abbildungen und überlege, was bei diesem Experiment passiert.**

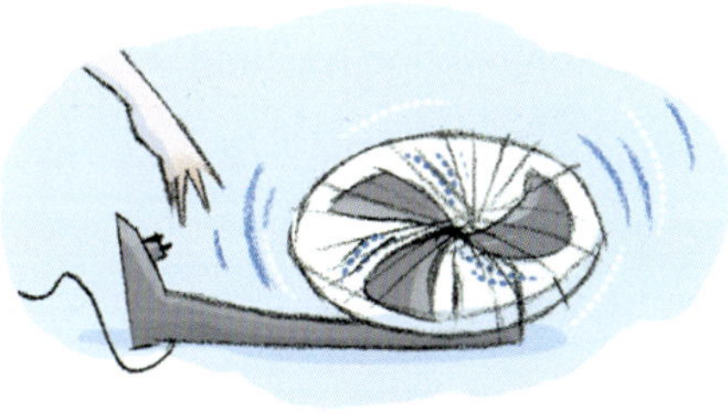

1 Man schaltet den Ventilator ein.

2 Man hält einen leichten Ball.

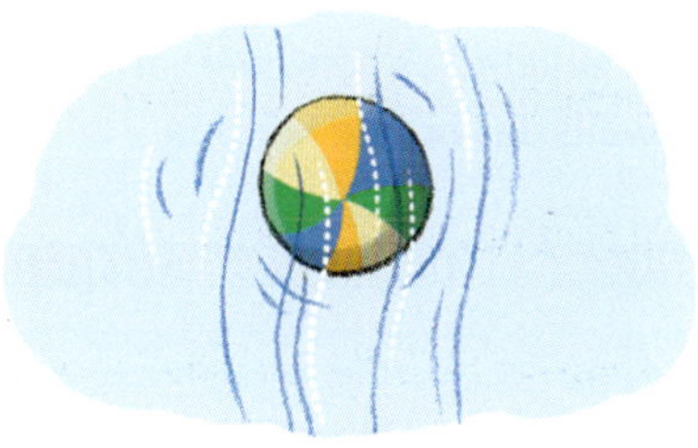

3 Der Ball tanzt.

b Formuliere die Beschreibung des Experiments im Heft genauer:
Ergänze in den Sätzen alle adverbiale Bestimmungen aus dem Kasten.

in den Luftstrom • ~~als Erstes~~ • vorsichtig • anschließend •
wegen des Druckausgleichs der Luft • schließlich • in der Luft

1 Als Erstes schaltet man ...

c Markiere die adverbialen Bestimmungen in den folgenden Farben:
adverbiale Bestimmungen der Zeit blau, des Ortes rot, der Art und Weise grün, des Grundes gelb.

3 **Ergänze folgenden Satz im Heft mit Hilfe adverbialer Bestimmungen:** ***Ich baue ein Flugzeug.***

Sätze verknüpfen zu Satzreihen und Satzgefügen

Information **Satzreihen und Satzgefüge**

- Eine **Satzreihe** ist ein Satz, der **aus zwei oder mehr Hauptsätzen** besteht.
Diese werden oft durch **Hauptsatzkonjunktionen** wie *denn, aber, sondern, und, oder* verbunden und durch **Komma** voneinander abgetrennt. Nur vor *und* und *oder* darf das Komma entfallen.
Einige Fische können fliegen | *,* | *aber das ist vielen nicht bekannt*.
Hauptsatz Komma Hauptsatz
- Ein **Satzgefüge** ist ein Satz, der aus **Hauptsatz und Nebensatz** besteht.
Diese werden durch **Nebensatzkonjunktionen** wie *weil, als, wenn, während, solange* verbunden.
Im **Nebensatz** steht die **Personalform des Verbs am Satzende.**
Zwischen Hauptsatz und Nebensatz steht immer ein **Komma**, z. B.:
Manche Fische fliegen wie Vögel | , | obwohl sie keine Flügel besitzen.
Hauptsatz Komma Nebensatz

1 **a** **Warum können einige Fische fliegen? Betrachte das Foto und kreuze die zwei richtigen Aussagen an.**
b **Formuliere mit den richtigen Aussagen zwei Satzreihen. Verwende die Hauptsatzkonjunktion *denn* und setze jeweils das nötige Komma.**

Einige Fische können fliegen.

- [ ] A Sie springen meterhoch aus dem Wasser.
- [ ] B Sie haben flügelartige Flossen.
- [ ] C Sie verstecken sich im Gefieder von Vögeln.

Einige Fische können fliegen, denn sie ____________________

Einige Fische ____________________

c **Formuliere aus den zwei Satzreihen zwei Satzgefüge. Verwende die Nebensatzkonjunktion *weil* und setze jeweils das nötige Komma.**

Einige Fische können fliegen, weil sie ____________________

____

2 **a** **Überarbeite den folgenden Text im Heft: Verknüpfe je zwei aufeinanderfolgende Sätze mit Hilfe von passenden Nebensatzkonjunktionen aus dem Kasten.**

weil • obwohl • wenn • indem

Einige Tintenfische erinnern an Düsenjets. Sie gehen tatsächlich in die Luft. Blitzschnell schießen sie aus dem Meer empor. Sie pressen sämtliches Wasser aus ihren Körpern heraus. Bis zu zehn Meter weit lässt sie der Vortrieb „fliegen". Tintenfische haben keine Flügel. Sie plumpsen wieder ins Wasser zurück. Sie haben kein Wasser mehr im „Tank".

b **Unterstreiche in deinen Satzgefügen alle Nebensätze und markiere jeweils das Verb. Steht es immer am Ende?**

Adverbialsätze verwenden: Kausalsätze

Information **Nebensatzart: Kausalsätze – Adverbialsätze des Grundes**

- **Adverbialsätze** sind **Nebensätze,** die über die **Umstände eines Geschehens** informieren.
- Mit **Kausalsätzen** kann man den **Grund** oder die **Ursache** einer Handlung oder eines Zustands angeben. Man verwendet dazu die **Konjunktionen** *da* oder *weil*, z. B.:
  Viele Tiere kehren zu ihren Besitzern zurück, weil sie einen guten Orientierungssinn haben.
- **Kausalsätze** können **adverbiale Bestimmungen** ersetzen, z. B.:
  Viele Tiere kehren wegen ihres guten Orientierungssinns zu ihren Besitzern zurück.
  (Adverbialbestimmung des Grundes)

1 Eine Zeitung meldet folgende Schlagzeile: Katze Emily flog über den Atlantik

a **Warum flog die Katze über den Atlantik? Notiere eine Vermutung. Verbinde die Schlagzeile mit einem Kausalsatz: Verwende die Konjunktion *weil* und setze das Komma zwischen Hauptsatz und Kausalsatz.**

Katze Emily flog ______________________________

b **Was genau war passiert? Verbinde die Sätze jeweils zu einem Satzgefüge mit Kausalsatz: Verwende die Konjunktionen *weil* oder *da* und setze die nötigen Kommas.**

A Die Katze reiste mit einem Schiff nach Europa. Sie war beim Streunen in einen Container gelangt.

____

____

B In Europa konnte der Finder Emilys Besitzer anrufen. Er fand seine Telefonnummer auf dem Katzenhalsband.

____

____

C Die Katze flog kostenlos nach Hause. Eine Fluggesellschaft bezahlte das Ticket.

____

____

c **Ersetze den Kausalsatz in B durch eine adverbiale Bestimmung. Verwende dafür die Präpositionen *wegen*.**

____

____

2 **Auch die folgenden Schlagzeilen brauchen eine Erklärung. Denke dir mögliche Gründe aus und formuliere Satzgefüge mit Kausalsatz. Schreibe ins Heft.**

Hamster Carlo sorgte für Flugausfall

Hund Bruno fand blinden Passagier

Wellensittich Fritz reiste einmal um die Welt

Adverbialsätze verwenden: Modalsätze

Information | **Nebensatzart: Modalsätze – Adverbialsätze der Art und Weise**

- **Adverbialsätze** sind **Nebensätze,** die über die **Umstände eines Geschehens** informieren.
- Mit **Modalsätzen** kann man angeben, auf welche **Art und Weise** etwas geschieht. Man verwendet dazu Konjunktionen wie *indem*, z. B.: *Autos fahren, indem sie Benzin verbrennen.*
- **Modalsätze** können **adverbiale Bestimmungen** ersetzen, z. B.: *Die meisten Autos fahren durch Verbrennen von Benzin.* (adverbiale Bestimmung der Art und Weise)

1 a **Heißluftballon, Luftkissenboot, Solarmobil: Erkläre mit Hilfe von Modalsätzen, wie sich die Fahrzeuge fortbewegen. Verwende die Konjunktion *indem* und die Stichpunkte im Kasten. Setze die notwendigen Kommas.**

Sonnenenergie wird umgewandelt • Luft wird erhitzt • Luft wird unter Schiffsboden geblasen

A 

B 

C 

Der Heißluftballon fliegt, indem ____ | *Das Luftkissenboot* ____ | *Das Solarmobil* ____

b **Ersetze die Modalsätze durch adverbiale Bestimmungen aus dem Kasten.**

durch Umwandlung von Sonnenenergie • durch Erhitzen von Luft • durch Einblasen von Luft

A *Der Heißluftballon fliegt durch* ____

B ____

C ____

2 a **Stimmt das? Unterstreiche in den Satzgefügen die Modalsätze.**
b **Schreibe die Sätze richtig ins Heft und setze die Kommas.**

VORSICHT FEHLER!

Flugzeuge fliegen indem sie mit den Flügeln schlagen. Frisbeescheiben fliegen indem sie den Auftrieb nutzen. Vögel fliegen indem sie kräftig in die Luft geworfen werden. Menschen fliegen indem Luft erhitzt wird. Heißluftballons fliegen indem sie in ein Flugzeug steigen.

3 **Formuliere den folgenden Satz in ein Satzgefüge mit einem Adverbialsatz um.**

Ein Luftschiff steigt nach oben durch die Füllung der Hülle mit Wasserstoff oder Helium.

____

____

Adverbialsätze verwenden: Temporalsätze

Information **Nebensatzart: Temporalsätze – Adverbialsätze der Zeit**

- **Adverbialsätze** sind **Nebensätze,** die über die **Umstände eines Geschehens** informieren.
- Mit **Temporalsätzen** kann man die **zeitliche Reihenfolge** deutlich machen.
  Man verwendet dazu Konjunktionen wie *während, bevor, nachdem, als, sobald, wenn.*
- Dabei unterscheidet man zwischen **Vorzeitigkeit, Gleichzeitigkeit** und **Nachzeitigkeit,** z. B.:

Wir sprachen über bekannte Sportarten, ...

... nachdem wir uns darüber informiert hatten.
Vorzeitigkeit
Das Ereignis im Temporalsatz liegt **vor** dem Ereignis im Hauptsatz.

... während wir uns dazu Notizen machten.
Gleichzeitigkeit
Das Ereignis im Temporalsatz verläuft **gleichzeitig** mit dem Ereignis im Hauptsatz.

... bevor wir dazu Referate hielten.
Nachzeitigkeit
Das Ereignis im Temporalsatz liegt **nach** dem Ereignis im Hauptsatz.

1 a **Mit Skiern fliegen? Ergänze im folgenden Text die fehlenden Konjunktionen und setze die Kommas.**

wenn • bevor • sobald • nachdem • während

Ein gründliches Training ist nötig ____________ Sportler auf Skiern von riesigen Schanzen springen können. Für einen Absprung muss der Sportler in die Hocke gehen ____________ er die steile Anlaufspur hinabfährt. Er muss dann abspringen ____________ er den richtigen Punkt an der Kante des Schanzentisches erreicht hat. Die Landung muss eingeleitet werden ____________ der Sportler dem Hang nahe kommt. Für seinen Sprung erhält der Skispringer eine bestimmte Punktzahl ____________ Sprungweite, Haltung und Windfaktor bewertet worden sind.

b **Liegen die Angaben im Temporalsatz vor, während oder nach dem Geschehen im Hauptsatz? Markiere die Temporalsätze in folgenden Farben: Vorzeitigkeit, Gleichzeitigkeit, Nachzeitigkeit.**

2 **Schreibe im Heft einen zusammenhängenden Text zum Thema „Wie Segelflugzeuge starten“: Verknüpfe folgende Sätze jeweils zu einem Satzgefüge mit Temporalsatz am Anfang und setze das Komma.**

A Der Wagen mit der Winde ist an das Startbahnende gefahren. + Das Seil wird aus der Winde herausgezogen. *(sobald)*

B Das Seil ist am Flugzeug befestigt worden. + Der Wagen mit der Winde zieht das Seil an. *(nachdem)*

C Das Flugzeug schwebt in der Luft. + Das Seil hakt sich automatisch aus. *(sobald)*

D Warme Luftmassen werden erreicht. + Das Flugzeug steigt immer höher. *(wenn)*

3 **Formuliere den folgenden Satz in ein Satzgefüge mit einem Temporalsatz um.**

Nach dem erfolgreichen Start des Segelfliegers klatschen die Zuschauer begeistert.

____

Relativsätze verwenden

Information **Nebensatzart: Relativsätze**

- **Relativsätze** sind Nebensätze, die ein **Bezugswort im Hauptsatz** näher erklären.
- Sie werden mit einem **Relativpronomen** (*der, die, das; welcher, welche, welches*) eingeleitet und durch ein **Komma** vom Hauptsatz abgetrennt. Das Relativpronomen bezieht sich auf das Bezugswort im Hauptsatz, z. B.: *Auf dem Tisch liegen die Gegenstände, die ich für den Versuch brauche.*
- Relativsätze stehen meist **nach dem Hauptsatz.** Ein Relativsatz kann aber auch in einen Hauptsatz **eingeschoben** werden. Dann setzt man vor und nach dem Relativsatz ein **Komma**, z. B.: *Im Labor, das gut ausgestattet ist, führen wir einen Versuch durch.*

1 **Wofür braucht man im Labor Mikroskop, Pinzette und Reagenzglas?**
a **Ergänze mit Hilfe der Angaben im Kasten unter jedem Foto einen Relativsatz.**
b **Rahme in jedem Relativsatz das Relativpronomen ein und setze das Komma.**

kleine Gegenstände greifen • Dinge vergrößert zeigen • Flüssigkeiten aufbewahren

A 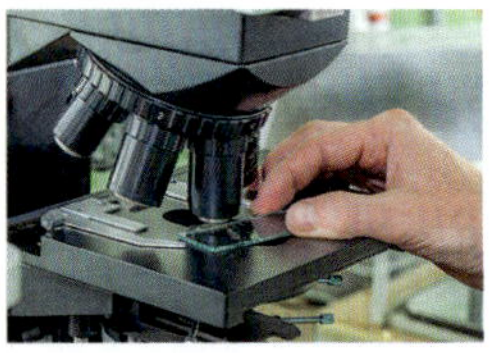

B 

C 

Das Mikroskop ist ein Gerät, das

2 **Verknüpfe die folgenden Hauptsätze zu Satzgefügen mit einem eingeschobenen Relativsatz. Verwende passende Relativpronomen und setze die nötigen Kommas.**

A Das Mikroskop zeigt Dinge größer. Es wurde etwa 1590 erfunden.

Das Mikroskop, das etwa 1590

B Der Name der Pinzette kommt vom französischen „pince" (Zange). Sie wurde bereits in der Antike genutzt.

C Das Reagenzglas gehört in jedes Labor. Es wird auch „Probierglas" genannt.

3 **Sag es einfacher! Bilde aus den markierten Attributen eingeschobene Relativsätze. Verwende passende Relativpronomen und setze die nötigen Kommas.**

A Das für die Temperaturmessung unverzichtbare Thermometer gehört in jeden Haushalt.

Das Thermometer, das für die

B Die zur Dosierung von Flüssigkeiten genutzte Pipette wird häufig im medizinischen Bereich verwendet.

C Der in jedem Labor stehende Glaszylinder gehört zur Grundausstattung.

4 **Durch die Verwendung von Relativsätzen kannst du Wortwiederholungen vermeiden. Bilde aus den Sätzen jeweils ein Satzgefüge mit Relativsatz.**
Tipp: Die markierten Präpositionen müssen auch im Relativsatz wieder auftauchen.

A Wir erklären den Versuch. Durch den Versuch wird Luft sichtbar.

B Du stellst Fragen. Mit den Fragen haben wir nicht gerechnet.

C Wir fanden eine Lösung. Über die Lösung wunderten wir uns.

5 **Hier stimmt etwas nicht!**

a Streiche die falsch verwendeten Relativpronomen und schreibe die richtigen Relativpronomen darüber.

b Setze die fehlenden sechs Kommas.

VORSICHT FEHLER!

Der Naturforscher Otto von Guericke dem im 17. Jahrhundert an der Universität Leipzig lehrte führte ein bis heute berühmtes Experiment durch: Aus einer Kugel der aus zwei Halbkugeln zusammengesetzt war ließ er die Luft absaugen. Mehreren Pferden denen an jeder Halbkugelseite zogen gelang es nicht, die beiden Hälften auseinanderzubringen. Damit hatte Guericke bewiesen, dass man einen luftleeren Raum schaffen kann und dass Luftdruck existiert.

6 **Wozu dienen die folgenden Dinge? Schreibe jeweils eine Erklärung mit Relativsatz ins Heft, z. B.:**
Die Luftpumpe ist eine Pumpe, mit der …

die Luftpumpe • das Barometer • das Maßband • die Stoppuhr • der Kurzzeitwecker • der Kompass

Subjektsätze und Objektsätze verwenden

Information **Nebensatzart: Subjektsätze und Objektsätze**

- **Nebensätze** können die **Rolle eines Satzglieds** übernehmen (Gliedsätze).
- Ein **Subjektsatz** übernimmt die **Rolle des Subjekts,** z. B.:
  Es ist faszinierend, dass so ein großes Luftschiff tatsächlich abhebt. – Das Abheben eines so großen Luftschiffes ist faszinierend.
- Ein **Objektsatz** übernimmt die **Rolle des Objekts,** z. B.:
  Wir verstehen, wie das Luftschiff funktioniert. – Wir verstehen die Funktionsweise des Luftschiffes.
- Diese Gliedsätze kann man wie **Subjekte oder Objekte erfragen**, z. B.:
  Subjektsatz: *Wer oder was ist faszinierend? → dass so ein großes Luftschiff tatsächlich abhebt*
  Objektsatz: *Wen oder was verstehen wir? → wie das Luftschiff funktioniert*

1 a **Unterstreiche in dem folgenden Text alle Nebensätze. Achte auf die Stellung des Verbs.**
b **Erfrage die unterstrichenen Nebensätze mit *Wer oder was ...?* und *Wen oder was ...?*. Markiere Subjektsätze grün und Objektsätze blau.**

Graf Zeppelin – Erfinder der Luftschiffe

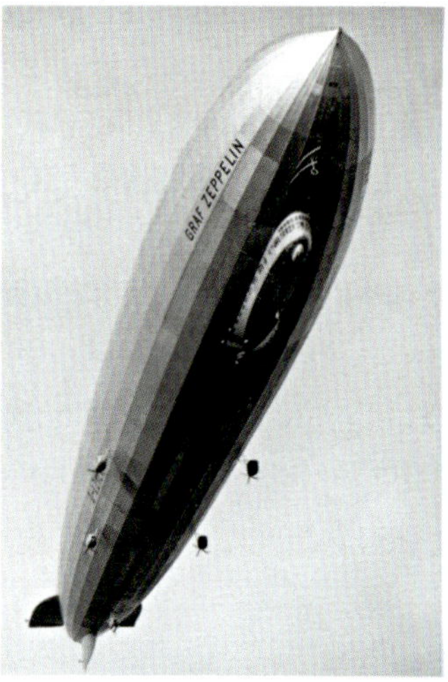

Ferdinand Graf von Zeppelin wurde 1838 in Konstanz als Spross einer Adelsfamilie geboren. Schon in der Schule fiel auf, dass er sich besonders für Physik, Chemie und Mathematik interessierte. Während einer USA-Reise im Jahr 1863 beobachtete er, wie ein Heißluftballon in den Himmel stieg. Zeppelin war fasziniert und unternahm selbst eine Ballonfahrt. Diese Fahrt hatte zur Folge, dass Zeppelin seinen ersten Entwurf für einen lenkbaren Ballon zu Papier brachte. Der Zeppelin war geboren.

2 **Formuliere das im folgenden Text markierte Subjekt und Objekt in einen Subjektsatz und einen Objektsatz um. Nutze die Satzanfänge im Kasten und setze die nötigen Kommas.**

Zahlreiche Zuschauer beobachteten gespannt, wie ... • Dass die Landung ...

Das von Zeppelin entwickelte Luftschiff funktionierte nach einem einfachen Prinzip: Durch Gas, das leichter als Luft war, erhielt es Auftrieb. Angetrieben durch Propeller glitt es voran. Am 2. Juli 1900 war es so weit: Zahlreiche Zuschauer beobachteten gespannt das Abheben des ersten Zeppelins. Und tatsächlich stieg Graf Zeppelin mit seinem Prototypen 1400 Meter hoch in den Himmel auf. Die problemlos verlaufende Landung sorgte für großen Beifall.

3 **Formuliere den dritten Satz im Text von Aufgabe 1 in einen Hauptsatz mit Objekt um.**

Teste dich! – Adverbialsätze

1 **a Ergänze passende Nebensatzkonjunktionen und setze die fehlenden Kommas.** PUNKTE |10

indem • da • während • weil • indem

Wie ein Flugzeug fliegt

Das Flugzeug wird stark beschleunigt ______________ es über die Startbahn fährt. Die Luft wird durch die Tragflächen geteilt ________________ ein Teil der Luft über die Tragfläche, ein anderer Teil unter der Tragfläche entlangfließt. Dabei hat die Luft auf der oberen Seite einen längeren Weg __________________ die Tragfläche oben gewölbt ist. Das Flugzeug fliegt __________________ es diese beiden Luftströmungen nutzt. Es hebt schließlich ab ______________ die Luft an der Unterseite einen stärkeren Druck ausübt als die an der Oberseite.

b Markiere im Text wie folgt: Temporalsatz, Kausalsatz, Modalsatz. PUNKTE |5

2 **a Verknüpfe folgende Hauptsätze zu einem Satzgefüge mit einem Temporalsatz. Verwende die Konjunktion *als, bevor* oder *nachdem*.** PUNKTE |2

1903 sorgten die Brüder Wright für eine Sensation. Sie stiegen mit dem ersten Motorflugzeug in die Luft.

____

____

b Bilde ein Satzgefüge, indem du die markierte adverbiale Bestimmung zu einem Kausalsatz umformst. PUNKTE |2

Die Brüder Wright wurden wegen der Erfindung des ersten Motorflugzeugs berühmt. *(weil)*

____

c Bilde ein Satzgefüge, indem du die markierte adverbiale Bestimmung zu einem Modalsatz umformst. PUNKTE |2

Die beiden US-Amerikaner wurden durch Berichte in vielen Zeitungen einem großen Publikum bekannt. *(indem)*

____

3 **Vergleiche deine Antworten mit den Angaben im Lösungsheft und zähle deine Punkte zusammen.**

☺ 21–18 Punkte	☺ 17–12 Punkte	☹ 11–0 Punkte
Sehr gut! Jetzt bist du Fachfrau oder Fachmann für Sätze.	Das war schon gut! Womit hattest du Probleme? Wiederhole passende Übungen.	Du solltest die Nebensatzarten wiederholen! Arbeite S. 64–67 erneut durch.

Texte überarbeiten

1 Bereite die Überarbeitung des folgenden Schülertextes vor:

a Es fehlen vier Kommas. Markiere die Textstellen und begründe die Kommasetzung kurz in der Randspalte.

b Die markierten Sätze kann man zu Satzgefügen mit einem Adverbialsatz oder einem Relativsatz verknüpfen. Notiere eine passende Konjunktion oder ein passendes Relativpronomen am Rand.

VORSICHT FEHLER!

Wenn Schlangen fliegen

Schlangen die zu den Kriechtieren gezählt werden sind in der Regel am Boden zu finden. — Kommas: Satzgefüge mit Relativsatz

Aber eine Schlangenart sticht hervor.

Sie bewegt sich auf ungewöhnliche Weise fort.

Die Schmuckbaumnatter aus Südostasien kann fliegen obwohl sie keine Flügel besitzt.

Forscher haben nun untersucht wie sich die Schlangen in der Luft fortbewegen.

Die Reptilien bewegen sich von Ast zu Ast. Sie machen ihren Körper platt und verdoppeln ihre Breite.

Die Schlangen nutzen den Auftrieb wie Flugzeuge.

Die Schlangen bewegen sich schnell hin und her.

Durch die Anwendung dieser Technik fliegen die Schmuckbaumnattern bis zu 20 Meter weit.

Ähnlich talentiert sind die Flughörnchen.

Die Flughörnchen breiten zum Fliegen einfach ihre Hautfalten an den Beinen aus.

2 **Schreibe den Text (▸ S. 72) mit Hilfe deiner Vorbereitung neu auf. Setze dabei die nötigen Kommas.**

Wenn Schlangen fliegen

3 **Die Sätze 2 und 3 kann man auch zu einer Satzreihe verknüpfen. Schreibe diese mit einer passenden Hauptsatzkonjunktion auf und setze das nötige Komma.**

4 **a Unterstreiche im folgenden Satzgefüge den Nebensatz. Kreuze die richtige Nebensatzart an.**

Forscher haben nun untersucht, wie sich die Schlangen in der Luft fortbewegen.

☐ Kausalsatz ☐ Temporalsatz ☐ Relativsatz ☐ Subjektsatz ☐ Objektsatz

b Schreibe den Satz um. Notiere ihn als einfachen Satz mit einem Objekt.

5 **Überarbeite Sätze aus dem Text von Aufgabe 1 und schreibe sie ins Heft:**
- **a** **Formuliere den Relativsatz im ersten Satz in ein Attribut um.**
- **b** **Behalte die Sätze 8 und 9 als Hauptsätze bei und ersetze stattdessen in Satz 9 ein Nomen durch ein Pronomen.**
- **c** **Formuliere die adverbiale Bestimmung in Satz 10 in einen Modalsatz um.**

Was kann ich schon? – Rechtschreibstrategien

1 **Prüfe, wie gut du die Rechtschreibstrategien beherrschst. Ordne die folgenden Wörter in die Tabelle ein: Mit welcher Strategie kannst du die Schreibweise erklären?**

PUNKTE |16

die Zähne • die Erdkugel • der Zug • die Wegbeschreibung • der Schlüssel • das Pfund • der Ballkünstler • die Zäune • der Zwerg • die Winde • die Gemäuer • gesund • der Himmel • die Gesundheitstage • die Ernte • aufräumen

2 **Trage das Strategiezeichen für die entsprechende Strategie ein.**

PUNKTE |4

Strategiezeichen	Steht für das ...
A	Schwingen (Laut-Buchstaben-Zuordnung): Man schreibt, wie man spricht.
B	Ableiten: um die Verwechslung von *e* und *ä*, *eu* und *äu* zu vermeiden.
C	Zerlegen: um unklare Stellen in zusammengesetzten Wörtern herauszufinden.
D	Verlängern: um unklare Auslaute und Einsilber deutlich zu hören.

3 **a** **Schreibe die Wörter unten richtig auf: Ergänze *i* oder *ie*.**

PUNKTE |16

b **Ordne den Wörtern das richtige Strategiezeichen zu. Zeichne es davor.**

PUNKTE |3

A ☐ die L?be • die S?be • der W?nter • z?ren • s?ben • w?gen

B ☐ z?ht • kr?cht • fl?ßt • z?rt • v?l • schw?mmt

C ☐ die Z?rnaht • die Fl?ßgeschwindigkeit • der S?bdruck • die Z?lgerade

4 **Ergänze in den Sätzen A bis D die fehlenden Buchstaben *ss* oder *ß*.**

PUNKTE |10

A Der Sohn schickte seiner Familie eine Gru____karte mit herzlichen Grü____en aus dem Urlaub.

B Das schlechte Wetter lie____ sie nicht verdrie____lich werden, sie geno____ die Zeit bei ihren Freunden.

C Drau____en auf der Stra____e leuchtete die Stra____enlaterne die dunklen Ecken aus.

D Der Schneider braucht das Ma____band, um die Länge des Kleides zu me____en.

5 **a Markiere in dem folgenden Text die Fehlerwörter.**

PUNKTE |16

VORSICHT FEHLER!

Zirkusschule Zip Zap

Zip Zap ist eine Zirkusschule in Kapstadt, der zweitgrössten Stadt Südafrikas. Sie ist anlaufstation für Kinder, die nimanden haben, der sich um sie kümmert. Elternlose Strassenkinder können in der Zirkusschule sogar wohnen. Die Kinder üben verschidene Akrobatiknummern ein. Neben dem trainieren steht aber auch normaler Schulunterricht auf dem Plan. Dabei helfen die älteren den jüngeren. Es gilt das Motto „Ohne geben kein nehmen." Und vile Jugendliche können in der Zirkusschule später sogar einen normalen Beruf erlernen. Ein Zirkus braucht ausser den Künstlern nämlich auch Tirpfleger, Schreiner und Kostümschneider. Wenn die Jugendlichen den Zirkus verlassen, haben sie auf dise Weise grosse Chancen, eine Arbeit zu finden und Geld zu verdinen.

b Berichtige die markierten Wörter und ordne sie folgenden drei Fehlerschwerpunkten zu.

PUNKTE |16

***i*-Laut-Schreibung**	***s*-Laut-Schreibung**	**Großschreibung**
____	____	____
____	____	____
____	____	____
____	____	____
____	____	____
____	____	____

6 **a Vergleiche deine Antworten mit den Angaben im Lösungsheft und zähle deine Punkte zusammen.**
b Notiere, welche Strategien und welche Regeln dir noch Schwierigkeiten bereiten.

☺ **81–75 Punkte**	😐 **74–41 Punkte**	☹ **40–0 Punkte**
Das klappt schon prima! Welche Strategie oder Regel solltest du trotzdem wiederholen?	Nicht schlecht! Mit welchen Strategien oder Regeln hattest du noch Schwierigkeiten?	Du solltest alle Strategien wiederholen! Welche erscheint dir am wichtigsten?

Rechtschreibstrategien anwenden – Fehler vermeiden

Strategie: Schwingen – Wörter in Silben sprechen

Methode **Wörter schwingen**

- Viele deutsche Wörter sind **lauttreu,** d. h., man ordnet jedem gesprochenen Laut einen Buchstaben zu.
- Wenn du die Wörter **deutlich in Silben sprichst,** hörst du, mit welchen Buchstaben sie geschrieben werden. Das nennt man **Wörter schwingen,** z. B.: *die Welle*.
- Folgende **besonderen Laut-Buchstaben-Zuordnungen** musst du beachten: *kw* schreibt man *qu*, *scht* schreibt man *st*, *schp* schreibt man *sp*, z. B.: *die Quelle, der Stein, der Sport*.

1 a **Kreise in der folgenden Wortkette die einzelnen Wörter ein.**

SORTENDOSENSTANGENKERNEPFIRSICHAPRIKOSEN

ZAPFENSPALTENTANNENKARTOFFELNSPARGELSPEISE

b **Bilde aus den Wörtern Zusammensetzungen und schreibe sie mit Artikel auf. Zeichne Silbenbögen ein.**

die Dosenaprikosen,

c **Markiere die Stellen, an denen man anders schreibt, als man spricht.**

2 a **Vergleiche die Schreibung der Wörter im Niederländischen und im Deutschen. Markiere die Unterschiede.**
b **Ergänze die nebenstehende Aussage.**

niederländisch	deutsch
kwaken	quaken
Kwark	Quark
Kwartier	Quartier
Kwaliteit	Qualität

Man spricht in beiden Sprachen ________.

Im Niederländischen schreibt man ________,

im Deutschen ________.

3 **Suche in der Wortkette Wörter mit *qu* und schreibe sie auf. Ergänze bei Nomen den Artikel.**

QUOTEQUADRATQUETSCHENQUELLEBEQUEMÄQUATORQUITTUNGQUERSCHNITTQUAL

4 **Lege im Heft drei Spalten mit besonderen Laut-Buchstaben-Zuordnungen an: *st, sp, qu*. Ergänze in jeder Spalte fünf Beispielwörter.**

Strategie: Verlängern – Einsilber und unklare Auslaute

Methode **Wörter verlängern**

- Bei einsilbigen Wörtern und auch bei einigen zweisilbigen Wörtern ist die **Laut-Buchstaben-Zuordnung am Wortende** nicht immer eindeutig, z. B.: *der Zwerg, der Unfall.*
- Hier hilft die **Strategie Verlängern:** Man fügt an das Wort eine Silbe an, dann kann man es schwingen.
  – Bei **Nomen** bildet man die Pluralform, z. B.: *der Grund* – denn: *die Gründe.*
  – **Adjektive** steigert man, z. B.: *hell* – denn: *heller als.*
  – **Verben** setzt man in die Wir-Form, z. B.: *kennt* – denn: *wir kennen.*

1 a **Kreuze an, welche Wörter man durch deutliches Sprechen richtig schreiben kann.**
b **Markiere in den anderen Wörtern die unklaren Stellen am Wortende.**

☐ der Wind	☐ der Zwerg	☐ der Stab	☐ das Rad	☐ der Zug	☐ schreibt
☐ lebt	☐ tobt	☐ singt	☐ rund	☐ hell	☐ artig
☐ fleißig	☐ die Schule	☐ der Balken	☐ die Kurbel	☐ der Boden	☐ der Anfall

c **Verlängere die Wörter mit unklaren Stellen und ordne die Verlängerungswörter in folgende Tabelle ein.**

Nomen – Pluralform bilden	Adjektive – Grundform steigern	Verben – Wir-Form bilden

2 a **Markiere im folgenden Text die Wörter, deren Schreibweise du durch Verlängern begründen kannst.**

Schule auf eigenem Stuhl

Kannst du dir vorstellen, dass du deinen eigenen Stuhl in die Schule mitbringen musst? In einer Schule in Angola (Afrika) ist das so. Auf dem langen Weg zur Schule trägt jedes Kind einen Plastikstuhl mit sich. Dieser Stuhl wiegt zwar nicht viel, aber dafür fliegt er bei starkem Wind schnell durch die Gegend – vor allem, wenn er auf dem Kopf getragen wird. Das ist aber die bequemste Form des Tragens. Damit das geht, hebt jedes Kind seinen Stuhl umgedreht auf den Kopf und beschwert ihn mit einem Stein.

b **Notiere die Verlängerungswörter zu den markierten Wörtern.**

Einsilbige Verbformen verlängern

Methode **Einsilbige Verbformen richtig verlängern**

- Die richtige Schreibung von **einsilbigen Verbformen** kann man durch **Verlängern** herausfinden, z. B.: *er schreibt* – denn: *wir schreiben, er liegt* – denn: *wir liegen.*
- Beim **Partizip II** trennt man *ge-* ab und verlängert den Einsilber, z. B.: *gelebt* – denn: *wir leben.*

1 **a** **Markiere in den Verben jeweils die Stelle, bei der man die richtige Schreibweise nicht genau hört.**

er kennt • sie lebt • es rennt • sie nennt • er knurrt • er bellt • es fragt • er bringt • sie legt • er klagt
sie erlebt • er verlebt • er bekennt • sie erkennt • er benennt • sie erstellt • es versagt • er beklebt

b **Kreuze die zutreffende Aussage an.**

☐ A Das *t* am Ende schreibt man anders, als man es spricht.

☐ B Die unklare Stelle liegt vor dem *t*.

c **Begründe die Schreibweise der Verbformen durch die Verlängerungsform mit *wir*.**

wir kennen, ______________________

____

____

____

2 **a** **Kreise die einzelnen Partizip-II-Formen in der Wortkette ein.**

b **Begründe die Schreibweise der Partizip-II-Formen durch die Verlängerungsform mit *wir*.**

geliebt – wir lieben, ______________________

____

____

____

3 **Bilde zu drei Partizip-II-Formen aus Aufgabe 2 Beispielsätze. Notiere über die Verlängerungsstellen das Strategiezeichen** (Symbol)**.**

____

____

____

Strategie: Zerlegen – Zusammengesetzte Wörter und Wörter mit Bausteinen

Methode **Wörter zerlegen, Bausteine abtrennen, Verlängerungsstellen suchen**

- Verlängerungsstellen in **zusammengesetzten Wörtern** findet man, indem man die Wörter **zerlegt,** z. B.: *die Land|karte* – denn: *die Länder.*
- Auch wenn man **Nachsilben** abtrennt, kann man Verlängerungsstellen finden, z. B.: *glaub|haft* – denn: *glauben.*

1 a **Zerlege die folgenden zusammengesetzten Wörter. Zeichne jeweils einen Trennstrich ein.**

Marmor|kuchen • Wind|beutel • Rosinenbrote • Roggenbrote • Vollkornbrote • Pfannkuchen • Landbrote • Rindfleisch • Kalbfleisch • Lammwurst

b **Welche Wörter enthalten unklare Stellen? Markiere jeweils die Verlängerungsstelle.**

c **Notiere die Verlängerungswörter, mit denen du die Schreibweise der markierten Wörter begründen kannst.**

die Winde, ______________________________

2 a **Bilde neue Wörter, indem du an die Einsilber eine Nachsilbe hängst. Ordne die neuen Wörter nach Wortarten.**

Land • Freund • Sinn • Feind • Kind • lieb • wild • rund

-schaft
-heit
-nis

-los
-lich
-haft

Nomen	Adjektive

b **Notiere die Verlängerungswörter, mit denen du die Schreibweise der Einsilber begründen kannst.**

Länder, ______________________________

____

3 **Suche in folgenden Sätzen Wörter, die man zerlegen und verlängern kann. Markiere die Verlängerungsstellen.**

Landtiere können Raubtiere oder Friedtiere sein. Das hängt von ihrem Fressverhalten und Jagdtrieb ab.

Strategie: Ableiten – Wörter mit *ä* und *äu*

Methode — **Wörter mit *ä* und *äu* ableiten**

- Ableiten heißt: **verwandte Wörter mit *a* und *au*** suchen.
- Den Vokal *e* und den Zwielaut *eu* kann man leicht mit *ä* und *äu* verwechseln. Normalerweise schreibt man *e* oder *eu*, z. B.: *die Welt, heute.*
- Wenn es verwandte Wörter mit *a* oder *au* gibt, dann schreibt man *ä* oder *äu*, z. B.: *er trägt* – denn: *tragen, läuten* – denn: *laut*. Wörter, die man mit dieser Strategie nicht erklären kann, muss man sich **merken.**

1 **a Markiere in den folgenden Sätzen die Schreibweise mit *ä* oder *äu* mit dem Strategiezeichen.**

A Der Hund bellt und fällt die Leute an.

B Das Kätzchen schnurrt und taucht das glänzende Mäulchen in die Milch.

C Die bläulich leuchtende Laterne hat ein neues Leuchtmittel.

D Der Turmbläser ist gleichzeitig der Wächter für die Häuser der Stadt.

b Schreibe die Ableitungswörter mit *a* oder *au* in die Tabelle.

Wörter mit *ä* – Ableitungswort mit *a*	Wörter mit *äu* – Ableitungswort mit *au*
anfallen,	

2 **a Prüfe folgende Wörter mit *ä* und *äu*: Markiere Wörter, die du ableiten kannst, mit dem Strategiezeichen.**

Ähre • Ausläufer • Äquator • Ägypten • Betäubung • Geräusch • Bestäubung • Knäuel • Käfer • Käse

äußerlich • säuerlich • einäugig • ärgerlich • ängstlich • bäuerlich • fähig • häufig • während • bewältigen

b Notiere die Ableitungswörter zu den markierten Wörtern.

auslaufen, ______________________________

____

c Schreibe die restlichen Merkwörter ab und markiere jeweils *ä* oder *äu*.

Ähre, ______________________________

____

3 **Wähle drei Merkwörter aus und verwende sie in einem Satz.**

____

Das Strategiewissen anwenden

1 **a Markiere in dem folgenden Schülertext die 14 Fehlerwörter und schreibe sie richtig darunter.**

VORSICHT FEHLER!

Die Mongolei - Das Leben im Land der Pferde

Manche mongolische Kinder können früher reiten als laufen. Das zeikt, wie wichtik Pferde in der Mongolei sind. Ohne Pferde könnten die mongolischen Nomaden in den weiten Grassteppen kaum überleben.

Heute werden in der Mongolei 2,4 Millionen Pferde zum Reiten und zur Milch- und Fleischgewinnung gehalten. Dabei schätzen die Nomaden besonders die zähen Mongolenponys. Ein solches Tier träkt schwere Lasten und bewältikt mühelos weite Strecken und den schlechtesten Wek. Es lept eigentlich in der Steppe, kan aber auch die extremen Bedingungen im Hochgebirge und in der Wüste aushalten. Dabei mus es mit Temperaturen von -40° Celsius und einer dünnen Grasnarbe unter der Schneedecke zurechtkommen.

Wehrend der eisigen Monate verlassen die Nomaden ihre Jurten, jene traditionellen Runtzelte, und ziehen in einfache Hütten um. Wenn bei -25° Celsius das Feuer ausgeht, wird es jedoch auch darin erbermlich kalt. Dann helfen nur noch wermende Decken. Auf den ersten Blick wirkt das Leben in der Steppe sehr karg und ermlich, aber beim traditionellen Nationalfest der Mongolen „Naadam", bei dem die elteren und die jüngeren Generationen zusammen feiern, kann man die große Lebensfreude der Steppenbewohner erleben.

zeigt, ______________________________

____

____

b Welche drei Strategien können helfen, diese Fehler zu vermeiden? Kreuze an.

☐ Schwingen ☐ Verlängern ☐ Zerlegen ☐ Ableiten ☐ Merken

2 **Markiere im Text die Fehlerwörter. Ordne sie korrigiert der passenden Strategie zu.**

VORSICHT FEHLER!

Jedes Jahr feiern die Mongolen in der Somerzeit das Naadam-Fest. Dabei stehen drei Veranstaltungen im Vordergrunt: Reiten, Ringen und Bogenschießen. Es ist ein beeindrukendes Spektakel, wenn eine Horde Pferde gleichzeitik über die Steppe jakt. Gestartet wird, je nach Altersklase der Pferde, in 12 bis 35 km Entfernung vom Ziel. Die Jockeys sind Kinder zwischen 6 und 12 Jahren, darunter viele Mädchen. Oftmals benutzen sie nicht einmal Settel, was bei dem hohen Tempo nicht ungefehrlich ist.

Schwingen	Verlängern	Ableiten

3 **Notiere im Heft möglichst viele Wörter mit *a* und *ä* zum Wortstamm *-gefahr-*.**

Fremdwörter richtig schreiben

Information **Schreibung von Fremdwörtern**

- **Fremdwörter** sind zu unterschiedlichen Zeiten **aus anderen Sprachen** in die deutsche Sprache gekommen. **Aussprache und Schreibweise** wurden meistens aus der **Herkunftssprache** übernommen. Deshalb enthalten Fremdwörter oft Buchstabenverbindungen, die im Deutschen ungewöhnlich sind.
- Typische **Buchstabenverbindungen** bei Fremdwörtern sind: *th* statt *t* (*der Thron*), *ph* statt *f* (*das Phantom*), *y* statt *i* (*die Physik*). In modernen Fremdwörtern aus dem Englischen wird meistens die englische Schreibweise übernommen (*der Chat*).

1 **Markiere in den Fremdwörtern die Merkstellen und ordne sie in die Tabelle ein.**

die Tradition • die Physik • die Information • die Ethik • die Mathematik • die Kooperation • die Kalkulation • das Theater • die Theorie • das Alphabet

th* statt *t	***ph* statt *f***	**Schreibweise entspricht der Sprechweise**

2 **Im Bereich Sport gibt es viele Übernahmen aus der englischen Sprache.**

a **Kreise die neun Sportarten im Wortgitter ein und ordne sie den deutschen Angaben A bis I zu.**

I	A	E	R	O	B	I	C	M	W	C	X	R
S	K	Y	D	I	V	I	N	G	V	J	J	S
O	K	A	Q	U	A	B	A	L	L	J	R	R
S	B	K	I	T	E	S	U	R	F	E	N	Z
H	C	F	O	B	A	D	M	I	N	T	O	N
B	U	N	G	E	E	J	U	M	P	I	N	G
B	O	D	Y	B	U	I	L	D	I	N	G	F
L	Q	M	P	A	I	N	T	B	A	L	L	S
S	D	A	B	E	A	C	H	B	A	L	L	P

A Federball: ______________________

B Fallschirmspringen: ______________________

C Gesichertes Springen: ______________________

D Wasserball: ______________________

E Körpergestaltung: ______________________

F Ballspiel am Strand: ______________________

G Lenkdrachensegeln: ______________________

H Schießspiel mit Farbkugeln: ______________________

I Verbindung von Tanz und Gymnastik: ______________________

b **Markiere in den englischen Fremdwörtern schwierige Stellen, die du dir merken musst.**

Teste dich! – Strategiewissen

1 a **Welche Wörter musst du zerlegen, um die Schreibweise zu begründen? Kreuze an.**

PUNKTE /6

☐ Waldbrandgefahr	☐ Rindleder	☐ Radioapparat	☐ Endrundenzeit
☐ Flugfedern	☐ Organisation	☐ Windrichtung	☐ Handballhalbzeitergebnis

b **Setze das Verlängerungszeichen über die Verlängerungsstellen.**

PUNKTE /10

2 **Mit welcher Strategie kann man die Schreibweise der markierten Stellen jeweils begründen? Ordne die Wörter aus dem Text in die Tabelle ein.**

PUNKTE /18

Highland Games

In Schottland gibt es die Highland Games bereits seit Jahrhunderten, aber immer häufiger finden sie auch Anhänger in anderen Ländern Europas. Bei diesen Spielen treten starke Kinder, Frauen oder Männer in ungewöhnlichen Disziplinen gegeneinander an: Baumstammwerfen ist zum Beispiel die Königsdisziplin. Dabei balanciert der Werfer einen 5 bis 6 Meter langen Baumstamm zunächst mit beiden Händen senkrecht vor seinem Körper. Dann nimmt er Anlauf und wirft den Stamm mit einem Überschlag.
Viele denken, dass es dabei um die Weite geht, die man bei dem Stammwurf erzielt. Stimmt aber nicht. Der Werfer muss auf zwei Dinge achten: Zum einen darf der Stamm beim Laufen nicht kippen und muss sich beim Werfen in der Luft um 180° drehen. Zum anderen muss das Ende des Stammes, das ursprünglich oben war, zuerst auf dem Boden aufkommen. Der Wurf gilt als perfekt, wenn der Stamm in gerader Linie zum Werfer liegt. Punkteabzug gibt es also, wenn der Stamm schief liegt oder zum Werfer zurückkippt. Klar, dass man schon als Kind kräftig üben muss, wenn man eines Tages an diesem Wettbewerb teilnehmen will. Für die Kinder sind die Baumstämme kürzer und leichter.

Schwingen	Verlängern	Zerlegen	Ableiten

3 **Vergleiche deine Antworten mit den Angaben im Lösungsheft und zähle deine Punkte zusammen.**

☺ 34–30 Punkte	☺ 29–18 Punkte	☹ 17–0 Punkte
Perfekt! Jetzt bist du ein Strategie-Experte.	Wo hattest du Schwierigkeiten? Wiederhole passende Übungen.	Du solltest noch einmal üben! Wiederhole die Seiten 76–81.

Rechtschreibregeln verstehen – Richtig schreiben

Doppelkonsonanten – Achte auf die erste Silbe

Information **Schreibung von Doppelkonsonanten, *ck* und *tz***

- **Offene Silben** enden mit einem Vokal. **Geschlossene Silben** enden mit einem Konsonanten.
- **Doppelkonsonanten** schreibt man nur, wenn die **erste Silbe** in einem zweisilbigen Wort **geschlossen** ist.
- Stehen an der Silbengrenze **zwei verschiedene Konsonanten,** dann verdoppelt man nicht, z. B.: *die Wel ten* – aber: *die Wel len.*
- Um diese Regel anwenden zu können, muss man Einsilber verlängern und zusammengesetzte Wörter zerlegen, z. B.: *er rennt* – denn: *ren nen, das Renn|pferd* – denn: *ren nen.*

1 **a Schwinge die Wörter und prüfe, wie der Vokal in der ersten Silbe jeweils gesprochen wird.**

haben • hatten • haften • halten • hallen • hämmern • hassen • hinken • holen
Haken • Hafen • Hammel • Hase • Himmel • Henne • Hälse

b Kreuze die richtigen Aussagen an.

A Wenn die erste Silbe offen ist, spricht man den Vokal ☐ kurz ☐ lang.
B Wenn die erste Silbe geschlossen ist, spricht man den Vokal ☐ kurz ☐ lang.

2 **a Trage die Wörter aus Aufgabe 1 in die folgende Tabelle ein.**
b Ergänze den Tabellenkopf und setze ein: *offen/geschlossen, gleiche/verschiedene.*

Erste Silbe ______	Erste Silbe ______ Zwei ______ Konsonanten	Zwei ______ Konsonanten
ha ben, ______	haf ten, ______	hat ten, ______
______	______	______
______	______	______
______	______	______
______	______	______

3 **Die folgenden Einsilber musst du verlängern. Ergänze und schreibe das Verlängerungswort als Beweis dazu.**

l/ll: be___t – denn: ______ ma___t – denn: ______

m/mm: he___t – denn: ______ ko___t – denn: ______

n/nn: ne___t – denn: ______ mei___t – denn: ______

f/ff: ho___t – denn: ______ scha___t – denn: ______

4 **a** **Suche im Wortgitter zwölf Wortzusammensetzungen und markiere sie.**
b **Zehn Wortzusammensetzungen müssen zerlegt werden, um die Schreibweise mit Doppelkonsonant zu begründen. Notiere zu jeder das Verlängerungswort.**

B	U	N	D	E	S	I	N	N	E	N	M	I	N	I	S	T	E	R	I	U	M
I	C	Ö	K	A	L	L	T	A	G	S	R	I	T	U	A	L	E	P	M	L	K
U	Y	Y	V	A	N	T	R	I	T	T	S	R	E	D	E	S	Q	C	C	O	N
P	A	M	E	T	A	L	L	H	A	L	T	E	R	Z	H	J	T	V	Ö	Ä	W
R	A	B	A	T	T	M	A	R	K	E	D	R	U	C	K	M	I	T	T	E	L
D	F	E	T	T	V	E	R	B	R	E	N	N	U	N	G	O	S	M	Ä	L	P
T	U	Ö	T	E	M	P	O	O	B	E	R	G	R	E	N	Z	E	U	A	M	W
Q	Ö	T	R	I	T	T	S	I	C	H	E	R	H	E	I	T	N	W	N	S	J
G	O	B	N	A	T	I	O	N	A	L	M	A	N	N	S	C	H	A	F	T	E
K	J	F	R	V	G	A	P	R	O	G	R	A	M	M	P	U	N	K	T	E	L
Ö	X	P	F	B	R	E	N	N	H	O	L	Z	S	U	C	H	E	V	U	U	M

alle, ____________________

____

____

____

____

____

____

____

____

____

5 **In der folgenden Beschreibung eines finnischen Spiels fehlen fast alle Doppelkonsonanten (auch *ck* und *tz*).**
a **Markiere die Fehlerwörter im Text.**

Sumpffußball

Man braucht für dieses Spiel unbedingt schlechtes Weter, außerdem pro Manschaft fünf Spieler und einen Torwart, einen Bal und zwei Tore auf matschigem Gelände. Das Wichtigste für diesen wizigen Sport ist das Feld. Ein guter Rasenplatz ist dabei nicht sinvol, denn es geht um den Spaß am Matschen. Am besten, man spielt in einem Sumpfgebiet.

Je tiefer der Sumpf, desto größer der Spaß. Während man bei einem normalen Fußbalspiel den Bal möglichst schnel in das Tor des Gegners kriegen wil, scheitert das beim Sumpffußbal an der Beschafenheit des Geländes. Hier ist das wichtigste Ziel, irgendwie in Bewegung zu bleiben, weil man sonst bis zur Hüfte im Morast einsinkt, steken bleibt und nicht wieder herauskomt. Man kan sich vorstelen, dass das enorm viel Kraft kostet, und so sind die Spielregeln an die Herausforderungen angepast: Die Spielzeiten sind kürzer, eine Verlängerung dauert nur 10 Minuten, und die Tore sind kleiner.

Die Spieler müsen während des Spiels gut auf ihre Schuhe aufpasen: Wer sie verliert, mus barfuß weiterrenen.

b **Korrigiere die markierten Wörter und ordne sie in die folgende Strategietabelle ein.**

Schwingen	Verlängern	Zerlegen
Wetter,		

6 **Notiere zu folgenden zwei Wortstämmen mit Doppelkonsonanten Wortfamilien im Heft: *-komm-*, *-renn-*.**

i oder *ie*? – Achte auf die erste Silbe

Information **Wörter mit *i* oder *ie***

- Die meisten **Wörter mit *i*-Laut** schreibt man mit **einfachem *i*.**
- Man schreibt immer ***i*,** wenn die **erste Silbe geschlossen** ist, z. B.: *der Win ter.*
- Man schreibt ***ie*,** wenn die **erste Silbe offen ist,** z. B.: *die Bie ne.*
- Diese Regel gilt nur für **zweisilbige deutsche Wörter,** nicht für Fremdwörter.
- Um diese Regel anwenden zu können, muss man Einsilber verlängern und zusammengesetzte Wörter zerlegen, z. B.: *das Sieb* – denn: *die Siebe, der Sieb|druck* – denn: *die Siebe.*

1 **a** **Kreise die Verben in der Wortkette ein.**

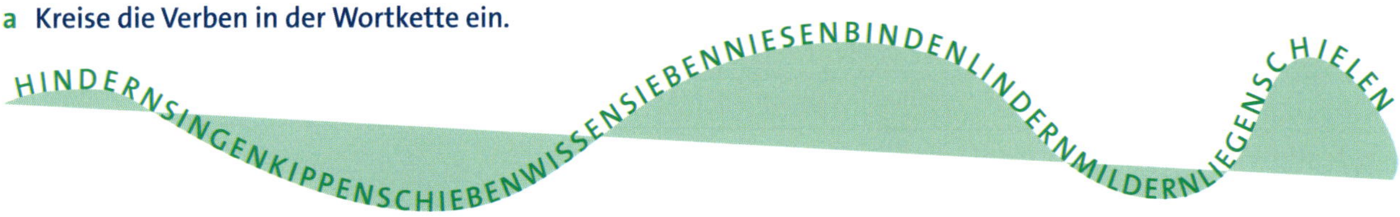

b **Untersuche die Verben an der Silbengrenze und ordne sie in die richtige Tabellenspalte ein.**
c **Kreuze unter der Tabelle die jeweils zutreffende Aussage an.**

Erste Silbe offen	Erste Silbe geschlossen	
	Zwei verschiedene Konsonanten	Doppelkonsonant
______	hindern, ______	______
______	______	______
______	______	______

Man spricht den *i*-Laut ☐ lang ☐ kurz.	Man spricht den *i*-Laut ☐ lang ☐ kurz.	Man spricht den *i*-Laut ☐ lang ☐ kurz.

2 **Entscheide: *i* oder *ie*? Begründe deine Entscheidung jeweils durch ein Verlängerungswort.**

A das R___nd – denn: ______________________

B das S___b – denn: ______________________

C der D___b – denn: ______________________

D das Z___l – denn: ______________________

3 **Zusammengesetzte Wörter muss man zerlegen, um die Schreibung mit *i* oder *ie* zu begründen.**
Schreibe die Wörter, zeichne den Trennstrich ein und begründe die Schreibweise durch ein Verlängerungswort.

der Hundeb ? ss • der Jagdtr ? b • das T ? rheim • der Br ? fträger • der Bänderr ? ss

der Hunde|biss – die Bisse, ______________________

____

4 **Notiere im Heft sieben Wörter mit *i* oder *ie*, die man verlängern oder zerlegen muss, um die Schreibweise zu begründen.**

Der *i*-Laut in Fremdwörtern

Information **Schreibung des *i*-Lauts in Fremdwörtern**

- **Mehrsilbige Fremdwörter** schreibt man in der Regel mit ***i***, auch wenn das *i* lang gesprochen wird, z. B.: *die Turbine, die Maschine, die Krokodile.*
- Folgende **typische Endungen** von Fremdwörtern sollte man sich merken: *-ie* und *-ieren.*

1 **a Bestimme die Fremdwörter in der Wortkette. Ordne sie nach der Anzahl ihrer Silben in die Tabelle ein.**
b Prüfe die Silben mit *i*-Laut und kreuze unter der Tabelle die jeweils zutreffende Aussage an.

Zweisilber	Mehrsilber
Kino,	

☐ Es handelt sich um Merkwörter.
☐ Es gilt die Regel zur *i*- und *ie*-Schreibung.

☐ Es handelt sich um Merkwörter.
☐ Es gilt die Regel zur *i*- und *ie*-Schreibung.

2 **Bilde aus den Wortbausteinen und den Endungen *-ie* und *-ieren* Fremdwörter und ordne sie in die Tabelle ein. Achte dabei auch auf die Groß- und Kleinschreibung.**

GARANT | HARMON | MARSCH | REG | TELEFON | STRATEG | MELOD | POL | STUD

Nomen mit Endung *-ie*	Verben mit Endung *-ieren*
die Garantie,	garantieren,

3 **Ergänze in den Sätzen Wörter aus dem Kasten in der richtigen Form.**

positionieren • subtrahieren • dividieren • multiplizieren • addieren

A Im Mathematikunterricht ____________, ____________, ____________ und ____________ man.

B Wer in einem Streit eine Position vertritt, der ____________ sich.

s, *ß* oder *ss*? – *s*-Laute unterscheiden

Information **Wörter mit *s*-Laut**

- Man schreibt ***s*,** – wenn die **erste Silbe offen** ist und man den *s*-Laut **summend** spricht, z. B.: *die Ro se,*
  – wenn die **erste Silbe geschlossen** ist und **zwei verschiedene Konsonanten** an der Silbengrenze stehen, z. B.: *die Res te, die Wes pe.*
- Man schreibt ***ß*,** wenn **die erste Silbe offen** ist und man den *s*-Laut **zischend** spricht, z. B.: *drau ßen.*
- Man schreibt ***ss*,** wenn die **erste Silbe geschlossen** ist, z. B.: *die Ros se.*
- Um diese Regeln zum *s*-Laut anzuwenden, braucht man eine **zweisilbige Wortform.**

1 **Untersuche die Silbengrenze der folgenden Wörter und ordne sie in die Tabelle ein.**

die Linse • die Bisse • die Soße • die Vase • die Leiste • der Käse • das Kissen • die Reste • das Wesen • die Risse • die Bremse • die Küsse • die Rose • die Straße • die Füße

Erste Silbe offen		**Erste Silbe geschlossen**	
Summender *s*-Laut	**Zischender *s*-Laut**	**Zwei verschiedene Konsonanten**	**Doppelkonsonant**

2 **Am Ende eines einsilbigen Wortes klingen *s* und *ß* gleich.**
Verlängere die folgenden Verbformen und setze *ß* oder *s* richtig ein.

A es gie ß t – denn: gießen B es flie__t – denn: ______ C er nie__t – denn: ______

D sie hei__t – denn: ______ E er grü__t – denn: ______ F sie schmei__t – denn: ______

G er prei__t – denn: ______ H er bei__t – denn: ______ I ihr le__t – denn: ______

3 **Den Buchstaben *ß* gibt es nicht als Großbuchstaben.**
a **Kreise in der Wortkette die zusammengesetzten Wörter ein.**

SCHMEISSFLIEGENFLOSSPADDELSCHWEISSGERÄTBIERFASSHEISSLUFTGRUSSKARTE

b **Notiere die zusammengesetzten Wörter in Schreibschrift. Prüfe durch Zerlegen und Verlängern, ob *ss* dabei erhalten bleibt oder durch *ß* ersetzt werden muss, z. B.: *Schmeißfliegen – denn: schmei ßen.***

______

______

ss und *ß* in einer Wortfamilie

Information **Wörter mit *ss* und *ß* in einer Wortfamilie**

- **Verben** können bei der Bildung verschiedener Formen **zwischen *ß* und *ss* wechseln,** z. B.: *er beißt* – denn: *wir bei ßen,* aber: *er biss* – denn: *wir bis sen.*
- Diese Schreibweisen werden auch in **verwandten Nomen und in Wortzusammensetzungen** beibehalten, z. B.: *der Beißer, die Beißzähne* – denn: *bei ßen,* aber: *der Hundebiss, die Bisswunde* – denn: *die Bis se.*
- Um die Schreibweise zu begründen, braucht man immer eine **zweisilbige Form.** Deshalb muss man Einsilber verlängern und Zusammensetzungen zerlegen.

1 **Ergänze in der folgenden Tabelle die Verbformen und Nomen und ihre Verlängerungswörter.**

Infinitiv	Präsens	Präteritum	Nomen
fließen	*es fließt – denn: fließen*	*es floss – denn: flossen*	*der Fluss – denn: die Flüsse*
	er gießt – denn:		*der Guss – denn:*
			der Schuss – denn:
		er riss – denn:	
messen		*er maß – denn:*	

2 **Setze *ß* oder *ss* ein. Zerlege die Wörter und begründe deine Entscheidung jeweils durch ein Verlängerungswort.**

A der Flu*ss*krebs – denn: *Flüsse*

B die Flie___geschwindigkeit – denn: ___

C die Gie*ß*kanne – denn: *gießen*

D das Gu___eisen – denn: ___

E das Schie___pulver – denn: ___

F die Schu___linie – denn: ___

G die Ri___länge – denn: ___

H die Rei___leine – denn: ___

I die Me___latte – denn: ___

J das Ma___band – denn: ___

3 ***s, ss* oder *ß*? Setze die fehlenden Buchstaben ein.**

Angeblich a___en die Cowboys im Wilden We___ten wegen der häufigen Schie___ereien nur mit einer Hand: Während sie die eine Hand zum E___en nutzten, umschlo___en sie mit der anderen ihre Schu___waffe und waren so jeden Moment bereit zu schie___en. Das erklärt vielleicht auch die Sitte, ein Steak zuerst komplett zu zerschneiden und es anschlie___end zu verspei___en: So blieb eine Hand schu___bereit unter dem Tisch.

4 **Suche weitere Wörter mit *ss* und *ß* in einer Wortfamilie. Notiere Beispiele ins Heft.**

Wörter mit *h* – Hören oder merken

Information **Wörter mit *h***

- Bei **einsilbigen Wörtern** kann man das *h* nicht hören. Wenn man sie **verlängert,** öffnet das *h* bei vielen Wörtern die **zweite Silbe** und man kann es beim Schwingen deutlich hören, z. B.: *ge hen.*
- Bei anderen Wörtern bleibt das *h* in der **ersten Silbe.** Dann kann man es durch keine Strategie hörbar machen, z. B.: *fah ren.* Diese Wörter muss man sich **merken.**
- Das *h* bleibt in allen Wörtern der **Wortfamilie** erhalten, z. B.: der *Fahrer, der Fahrlehrer.*

1 **Untersuche die Silbengrenze der folgenden Wörter. Ordne sie in die Tabelle ein.**

fahren • ziehen • nehmen • gehen • dehnen • wehen • gähnen • flehen • sehnen • sehen • sprühen • lehren

Wörter mit hörbarem, silbenöffnendem *h*	Merkwörter mit *h*
ziehen, ___	*fahren,* ___
___	___
___	___

2 **Verlängere die folgenden Wörter und trage sie richtig in die Tabelle von Aufgabe 1 ein.**

der Lohn • das Reh • der Zahn • der Draht • die Bahn • der Zeh • der Dreh • kühl • früh

3 **Welche Merkwörter gehören zu einer Wortfamilie? Markiere die Wörter einer Wortfamilie jeweils in einer Farbe.**

das Jahr | zahlen | wehren | bohren

wehrhaft • jährlich • zahllos • die Bohrinsel • bezahlen • der Jahresplan • die Zahlkarte • die Zahlung • die Bohrmaschine • das Zahlwort • wehrlos • das Jahrhundert • die Wehrpflicht • einjährig • das Bohrloch • der Jahrgang • der Bohrer • gebohrt • die Abwehr • der Bohrturm • der Bohrhammer

4 **a** **Diese Wörter kann man leicht verwechseln. Ordne sie ihrer Bedeutung zu und rahme die Merkwörter ein.**

Mahl – Mal • Wahl – Wal • dehnen – denen • ihm – im

A Abkürzung für *in dem*: ___

B männliches Personalpronomen: ___

C ein Essen: ___

D besonderes Zeichen: ___

E eine Abstimmung: ___

F ein Meeressäuger: ___

G in die Länge ziehen: ___

H Relativpronomen im Plural: ___

b **Schreibe zu jedem Merkwort einen Beispielsatz ins Heft.**

Teste dich! – Regelwissen

1 **Kreuze an, ob die Aussagen A bis F richtig oder falsch sind.**

PUNKTE /6

		richtig	falsch
A	Doppelkonsonanten schreibt man, wenn die erste Silbe offen ist.	☐	☐
B	Doppelkonsonanten schreibt man, wenn die erste Silbe geschlossen ist.	☐	☐
C	Wenn nach der ersten geschlossenen Silbe zwei verschiedene Konsonanten folgen, verdoppelt man nicht.	☐	☐
D	In zweisilbigen deutschen Wörtern schreibt man *ie*, wenn die erste Silbe offen ist.	☐	☐
E	Mehrsilbige Fremdwörter schreibt man immer mit *ie*.	☐	☐
F	Man schreibt *ß*, wenn die erste Silbe geschlossen ist.	☐	☐

2 **a** **Die Zeilen 1, 7, 8 und 9 enthalten insgesamt sieben Fehlerwörter. Streiche sie und notiere die richtige Schreibung darüber.** PUNKTE /7

b **Ergänze in den Lücken *s*, *ss* oder *ß*.** PUNKTE /20

c **Markiere im Text drei Merkwörter mit *h*.** PUNKTE /3

VORSICHT FEHLER!

Alle Kinder der Welt mü___en die Tischsitten ihrer Kultur erlernen, wenn sie nicht unangenehm auffalen wolen. Was in einem Land richtig ist, erwei___t sich in einem anderen Land vielleicht als falsch. In Afghanistan zum Beispiel gibt es eine besondere Tischordnung. Der Ehrengast sitzt immer möglichst weit entfernt von der Tür. Gibt es keinen Ehrengast, sitzen hier die Gro___eltern. In Deutschland eröffnet der Gastgeber das Mahl, in Afghanistan tut das der Ehrengast. Bei uns zögert der Gast, mit dem E___en zu beginnen, in Afghanistan wäre das eine Beleidigung. Der Gastgeber spei___t als Letzter und i___t am wenigsten. Oft wird die Mahlzeit am Boden eingenommen. Dann dürfen die Fu___sohlen alerdings nicht auf eine andere Person zeigen, das wäre eine gro___e Beleidigung. Wer i___t, sol bei uns keine lauten Geräusche von sich geben. Komt dagegen in Japan eine Nudelsupe auf den Tisch, darf man genu___voll schlürfen. Es hei___t: Wer beim Suppee___en laut schlürft, lobt den Koch. Bei uns mu___ jedes Kind lernen, mit Me___er und Gabel zu e___en. Japanische Kinder mü___en stattde___en den Umgang mit E___stäbchen beherrschen. Man gie___t die So___e nicht über den Reis, sondern man tunkt den Reis in mundgerechten Portionen darin ein und führt diese dann zum Mund.

3 **Vergleiche deine Antworten mit den Angaben im Lösungsheft und zähle deine Punkte zusammen.**

☺ 36–33 Punkte	😐 32–19 Punkte	☹ 18–0 Punkte
Hervorragend! Jetzt bist du Regelkönig/-in.	Mit welchen Regeln hattest du Probleme? Wiederhole passende Übungen.	Du solltest die Regeln lernen! Wiederhole die Seiten 84–90.

Groß- und Kleinschreibung – Nomen großschreiben

Nomenproben anwenden

Methode **Nomen durch Nomenproben erkennen**

Nomen schreibt man **groß.** In Texten kannst du Nomen mit Hilfe dieser **drei Proben** erkennen:
- **Artikelprobe:** Vor Nomen kann man einen Artikel setzen, z. B.: *die Ziege.*
- **Adjektivprobe:** Nomen kann man durch Adjektive näher beschreiben, z. B.: *die kluge Ziege.*
- **Zählprobe:** Vor Nomen kann man fast immer Zahlwörter setzen, z. B.: *zwei / drei / zehn / einige / viele Ziegen.*

1 Wende im folgenden Text die Nomenproben an:
a Markiere zwei Nomen, die nur von einem Artikel begleitet werden, orange.
b Markiere sieben Nomen, die von einem Adjektiv begleitet werden, grün.
c Markiere zwei Nomen, die von einem Zahlwort begleitet werden, blau.

Leben in den Kältegebieten

Viele Kinder, die in den Gebieten jenseits des nördlichen Polarkreises wohnen, müssen mit einem unvorstellbar kalten Winter zurechtkommen. Dazu kommt die lange Dunkelheit, die mehrere Monate dauert. Im kurzen Sommer dagegen kann es sehr warm werden. Aber weil der gefrorene Boden nicht so schnell auftaut, ist es feucht und sumpfig. Dadurch vermehren sich die lästigen Mücken in großer Zahl.

2 Markiere in dem folgenden Märchen alle Nomen, die großgeschrieben werden müssen.

VORSICHT FEHLER!

Wie sich der Eisbär mit den Tieren versöhnte (Sibirisches Märchen)

Der eisbär war überaus wütend, als die sonne verschwunden war. Kälte und finsternis herrschten jetzt im himmel. Der weiße geselle wurde griesgrämig. Eines tages beschloss er, zu der sonne auf die erde hinabzusteigen.
„Ich bin gekommen, um mir die sonne zu holen“, sagte er zu den tieren.
„Wir geben sie dir nicht“, sagte der fuchs. Er zitterte vor schreck.
„Ohne sonne herrschen wieder finsternis und kälte auf der erde.“
„Dafür ist es jetzt im himmel dunkel und kalt“, brummte der eisbär.
Die tiere berieten sich, wurden sich aber nicht einig. Da meldete sich ein rabe zu wort.
„Wir alle, brüder und schwestern, brauchen die sonne, auch der eisbär. Ich schlage vor, dass die sonne den sommer über bei uns bleibt. Die zweite hälfte des jahres soll sie am himmel sein. Dann ist sowieso winter, und viele tiere halten den winterschlaf. So ist es gerecht.“
Und so taten sie es auch. Seit dieser zeit dauert im fernen osten der tag einen ganzen sommer und die nacht einen ganzen winter lang. Der eisbär überlegte nicht lange und zog zu den anderen tieren auf die erde hinab. Im winter, wenn die sonne nicht am himmel war, hielt er seinen winterschlaf. Da brauchte er die sonne nicht. Im sommer war die sonne auf der erde. Und da lief er ihr immer hinterher.

Nomen an Nachsilben erkennen

Methode **Nomen an Nachsilben erkennen**

Du kannst viele Nomen auch an ihrer **Nachsilbe (Suffix)** erkennen. Wörter mit den Nachsilben *-heit, -keit, -nis, -schaft, -tum, -in, -ung* sind Nomen, z. B.: *die Klugheit, die Heiterkeit, das Geheimnis, die Freundschaft.*

1 **a** **Im Wortgitter findest du 20 Wörter, an die du eine der Nachsilben von Nomen anhängen kannst. Markiere sie.**

Z	X	S	Ä	S	L	U	M	G	E	B	E	N	E
N	V	N	F	R	E	U	N	D	R	E	I	C	H
B	F	R	E	U	N	D	L	I	C	H	Z	W	O
I	T	E	R	E	I	G	N	E	N	L	A	N	D
T	F	F	I	Y	B	R	A	U	C	H	M	F	K
B	I	T	T	E	R	C	L	I	R	R	E	N	L
I	G	Z	Ü	B	E	R	R	A	S	C	H	E	N
U	P	A	U	S	G	R	A	B	E	N	A	M	H
E	R	Z	E	U	G	E	N	E	I	G	E	N	X
D	H	E	I	T	E	R	F	I	N	S	T	E	R
E	R	B	E	N	R	E	I	N	S	A	M	T	L
H	F	C	E	R	L	E	B	E	N	Y	V	Z	F
H	H	Y	M	T	N	I	Ä	D	U	N	K	E	L
N	A	C	H	S	I	C	H	T	I	G	Y	P	Q

b **Bilde sinnvolle Nomen: Füge an die Wörter eine der Nachsilben *-heit, -keit, -nis, -schaft, -tum, -ung* an und notiere sie mit Artikel ins Heft.**

2 **Im folgenden Text sind 15 Nomen fälschlicherweise kleingeschrieben. Markiere sie.** VORSICHT FEHLER!

Ein typischer Wintertag für die Inuit bedeutet Leben in ständiger finsternis. Die Mittagszeit erkennt man nur an einer ganz schwachen erleuchtung am südlichen Horizont. Die bedeutung dieser ständigen dunkelheit entzieht sich eigentlich unserer vorstellung. Wir können wohl nur erahnen, was es heißt, in monatelanger sonnenlosigkeit zu leben. Dazu kommt die klirrende Kälte in einer von Eis und Schnee geprägten landschaft. Da ist es nachvollziehbar, dass die Inuit sich in die gemütlichkeit ihrer Häuser zurückziehen. Früher fanden sie die geborgenheit in ihren Iglus, in denen eine kleine Feuerstelle für die helligkeit sorgte. Iglus sorgen, obwohl sie aus Schnee gebaut sind, für behaglichkeit und Wärme. Und geselligkeit und gastfreundschaft waren den Inuit in ihren Iglus wichtig, denn vor allem die sozialen Kontakte schafften abwechslung. Hierbei wurden die alten Geschichten und Märchen erzählt und an die nachfolgende Generation weitergegeben. Heute werden Projekte für Jugendliche organisiert, damit diese in der einsamkeit der Eiswüste wieder zu sich und ihren Wurzeln finden.

Nominalisierungen großschreiben

Information Nominalisierte Verben

- **Verben im Infinitiv** kann man auch **als Nomen** verwenden, z. B.: *tanzen – das Tanzen.*
- **Nominalisierte Verben** schreibt man **groß.** Man erkennt sie mit Hilfe der **Nomenproben,** z. B.: Artikelprobe: *Das Tanzen macht mir Spaß.* Adjektivprobe: *Für wildes Tanzen braucht man viel Platz.*

1 Markiere im Text sieben Verben, die als Nomen verwendet werden.

Wie blieben die Inuit im Winter ohne frisches Obst und Gemüse gesund?

Die Inuit mussten früher in ihrem extremen Lebensraum einen ständigen Kampf ums Überleben führen. Das Beschaffen der Nahrung bereitete vor allem im Winter große Probleme. Im Laufe ihrer Geschichte gelang es ihnen jedoch, aus der zur Verfügung stehenden Nahrung alle Nährstoffe zu gewinnen, die sie zum Erhalten ihrer Gesundheit brauchten. Dabei spielte rohes Fleisch eine besondere Rolle. Das Garen von Fleisch zerstört Vitamine und andere Nährstoffe. Isst man es aber roh, wird der Körper mit wichtigen Stoffen versorgt. Das war für die Inuit nötig, weil das Ergänzen der Nahrung mit Obst und Gemüse unmöglich war. Die fettige Unterhaut von Walen enthält mehr Vitamin C als Zitrusfrüchte. Durch Trocknen wurde sie haltbar gemacht. Im Sommer bot das Sammeln von Beeren eine wichtige Ergänzung.

2 **a** Lies den folgenden Auszug aus dem Jugendbuch „Red Fox und der weiße Bär".
Markiere die Textstelle, die den Romanauszug mit dem Text oben inhaltlich verbindet.

Essen mit Pipaluk und Qortoq in der Arktis

Adam befindet sich im 19. Jahrhundert auf einem Schiff in der Arktis. Dort trifft er auf die Inuit Pipaluk und Qortoq.

Bis jetzt hatte Adam dank Pipaluks Vorsorge weder Skorbut[1] noch Erfrierungen bekommen. Sie und Qortoq und auch niemand sonst aus ihrer Gemeinschaft hätten jemals das gehabt, was die Qallunaat[2] Skorbut nannten, hatte sie Adam erklärt. Wenn er das gleiche Essen wie sie äße, würde er vielleicht auch keinen Skorbut bekommen. Sie hatte darauf bestanden, ihn fast dazu gezwungen, Brocken von rohem Walross- oder Seehundfleisch herunterzuwürgen. „Wie alte Seestiefel in Petroleum getränkt!", hatte er erklärt und das Gesicht verzogen. Aber ihr Ausdruck war so entschieden gewesen, dass er es heruntergeschluckt hatte. Nun teilte er regelmäßig seine Mahlzeit mit Qortoq und Pipaluk und konnte ziemliche Mengen Speck herunterbekommen, ohne Übelkeit zu empfinden.

1 der Skorbut: Krankheit aufgrund von Vitaminmangel
2 die Qallunaat: Ausdruck der Inuit für die Weißen

b Formuliere drei Sätze mit nominalisierten Verben, die zum Text passen, z. B.: *Das Vorsorgen gegen Skorbut war für die Inuit dringend notwendig.* **Tipp:** Du kannst die Verben aus dem Kasten nutzen.

vorsorgen • überleben • essen • herunterwürgen • zwingen • verhindern

Information **Nominalisierte Adjektive**

- **Adjektive** kann man auch als Nomen verwenden, z. B.: *gut – das Gute.*
- **Nominalisierte Adjektive** schreibt man **groß.** Man erkennt sie mit Hilfe der **Nomenproben,** z. B.:
  - Artikelprobe: *Das Gute an der Sache ist, dass wir uns wiedersehen.*
  - Zählprobe: *Ich möchte dir etwas Gutes tun.*

3 **a** **Schreibe die folgenden Sätze in der richtigen Groß- und Kleinschreibung ab.**
b **Markiere die Begleiter, an denen du die Nominalisierungen erkennst.**

A Huskys sind BESONDERE Hunde. Das BESONDERE an ihnen ist ihre Leistungsfähigkeit.
B Iglus haben eine INTERESSANTE Bauweise. Das INTERESSANTE daran ist der Spiralbau.
C Kinder in der Arktis lernen alles WICHTIGE für den Alltag in der Kälte. Eine WICHTIGE Sache ist die Ernährung.

4 **Im folgenden Text wurden alle Adjektive großgeschrieben. Bei welchen handelt es sich um Nominalisierungen? Markiere sie mit ihren Begleitern.**

Schlittenhunde

Die Inuit konnten die KALTEN Gebiete jenseits des Polarkreises nur besiedeln, weil sie Schlittenhunde hatten. Das BESONDERE an diesen Hunden ist, dass sie vom Polarfuchs abstammen und somit an die UNGLAUBLICHE Kälte angepasst sind. Auch dass sie drei Tage ohne Nahrung auskommen, ist etwas UNGEWÖHNLICHES. Damit konnten die Inuit ihre Wanderungen in der EXTREMEN Kältewüste antreten, ohne GROẞE Mengen an Hundefutter mitnehmen zu müssen. Das PROBLEMATISCHE bei den LANGEN Reisen zu den Jagdgründen war lediglich, dass die Hundepfoten sehr kälteempfindlich sind. Heute ersetzen Motorschlitten die WERTVOLLEN Hunde. Das TRAURIGE daran ist, dass damit die Wertschätzung der Schlittenhunde verloren geht. Heute kommen sie nur noch bei GEFÄHRLICHEN Schlittenhunderennen zum Einsatz.

5 **a** **Bilde aus den Adjektiven im Kasten Nominalisierungen.**

gut • gefährlich • langweilig • wertvoll

das Gute,

b **Wähle zwei Nominalisierungen aus und formuliere mit diesen zwei Sätze zum Text „Schlittenhunde".**

Tageszeiten und Wochentage richtig schreiben

Information **Groß- und Kleinschreibung von Tageszeiten und Wochentagen**

- **Tageszeiten und Wochentage** werden **großgeschrieben,** wenn sie **Nomen** sind. Man erkennt sie meistens an den typischen Nomenbegleitern, z. B.: *an dem Morgen, ein schöner Montag, viele Sonntage.*
- Tageszeiten und Wochentage werden **kleingeschrieben,** wenn sie **Adverbien** sind. Sie haben dann keine Begleiter und man kann auch keine Nomenproben durchführen, z. B.: *heute, mittags, montags.*
- Kombiniert man Adverbien und Nomen, so wird ihre Schreibweise beibehalten, z. B.: *heute Morgen.*

1 **a** **Markiere auf den Aushängen alle Angaben zu Tageszeiten und Wochentagen.**
b **Schreibe die Aushänge in Schreibschrift ab. Achte dabei auf die richtige Groß- und Kleinschreibung.**

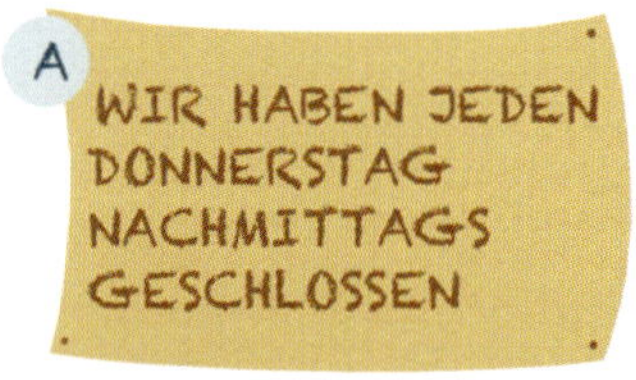

2 **Wie werden die Tageszeiten in Großbuchstaben geschrieben, groß oder klein? Notiere sie richtig in die Tabelle.**

Nachts schläft man doch!

Dass der Mensch Schlaf braucht, ist unumstritten. Normalerweise schlafen wir NACHTS und arbeiten am TAG. Viele Menschen sind unzufrieden, wenn sie nicht die ganze NACHT durchschlafen können. Die Idee, an einem Stück zu schlafen und dann den Rest des TAGES wach zu bleiben, ist eigentlich noch nicht alt. Dazu war die Erfindung des künstlichen Lichts notwendig, vorher hatte die Dunkelheit über die Schlafenszeit bestimmt.

In verschiedenen Kulturen gibt es auch TAGSÜBER eine Schlafzeit. In südlichen Ländern ist das Schläfchen am MITTAG beispielsweise völlig normal. Man schläft in den heißen MITTAGSSTUNDEN bis in den NACHMITTAG hinein, und wenn es gegen ABEND kühler wird, ist man wieder fit. Da, wo die Jahreszeiten große Unterschiede zwischen TAG und NACHT aufweisen, schlafen die Menschen jahreszeitlich verschieden. Im Sommer, wenn es lange hell ist, kann man als Kind ABENDS noch bis MITTERNACHT Fußball spielen.

Großschreibung (Nomen)	Kleinschreibung (Adverbien)

Teste dich! – Großschreibung von Nomen

1 **Kreuze an, ob die Aussagen A bis E richtig oder falsch sind.**

PUNKTE /5

	richtig	falsch
A Nomen erkennt man meistens an ihren Begleitern.	☐	☐
B Man kann Adjektive und Verben wie Nomen verwenden.	☐	☐
C Nominalisierungen erkennt man mit Hilfe von Nomenproben.	☐	☐
D Tageszeiten schreibt man immer groß.	☐	☐
E Ob Wochentage großgeschrieben werden, erkennt man an den Begleitern.	☐	☐

2 **a Markiere im folgenden Text vier Nomen, die von einem Adjektiv begleitet werden, grün.**
b Unterstreiche vier Verben, die als Nomen verwendet werden (Nominalisierung).
c Kreise ein Adjektiv ein, das als Nomen verwendet wird (Nominalisierung).
d Markiere vier Nomen mit einer typischen Nachsilbe blau.

PUNKTE /13

Wie man ein Iglu baut

Voraussetzung für das Bauen eines gemütlichen Iglus in einer Schneelandschaft ist das Suchen eines geeigneten Platzes. Hat man ihn gefunden, folgt das Zeichnen einer kreisrunden Fläche, die so groß wie der spätere Igluboden sein soll. Dabei ist die Verwendung von Skistock und Schnur hilfreich. Danach folgt das Ausschneiden von großen Schneeblöcken. Sie werden so um den Kreis gestapelt, dass die Mitte der Eisblöcke die gezeichnete Linie berührt. Die unterste Blockreihe trägt alle anderen Schneeblöcke und muss deshalb sehr stabil sein. Das Schwierige beim Bau ist, die Neigung hinzubekommen.

3 **Markiere in der Fortsetzung alle Nomen, die großgeschrieben werden müssen.**

VORSICHT FEHLER!

PUNKTE /25

Auf die erste blocklinie werden nun von innen weitere blöcke in einer spirale gesetzt. Der iglubauer baut sich also selber zu. Er muss darauf achten, dass alle blöcke kontakt zueinander haben. Günstig ist eine neigung der blöcke nach innen. Wenn der iglubaumeister im iglu stehen kann, setzt er von innen den letzten block. Nun sorgen löcher und spalten noch für zugluft. Deshalb müssen alle öffnungen mit schnee verschlossen werden. Zum schluss gräbt man den eingang, der tiefer liegt als der boden, damit die warme luft nicht aus dem iglu entweicht. Dann hat man es in der nacht warm und ist am tag vor sturm und wilden tieren geschützt.

4 **Vergleiche deine Antworten mit den Angaben im Lösungsheft und zähle deine Punkte zusammen.**

☺ 43–38 Punkte	😐 37–22 Punkte	☹ 21–0 Punkte
Großartig! Jetzt bist du Experte in Groß- und Kleinschreibung.	Wo liegt dein Fehlerschwerpunkt – bei Nomen mit Nachsilben, Nominalisierungen oder Tageszeiten? Wiederhole dazu Übungen.	Du solltest die Nomenproben wiederholen. Bearbeite noch einmal die Seiten 92–96.

Zusammen- und Getrenntschreibung – So oder so?

Zusammenschreibung

-/+

Information **Zusammenschreibung**

Zusammen schreibt man, wenn die Wörter zusammen eine neue Bedeutung bekommen:
- Verbindungen aus **Nomen und Nomen,** z. B.: *die Blumen + der Kasten = der Blumenkasten,*
- Verbindungen **mit Adjektiven,** z. B.: *die Kornblumen + blau = kornblumenblau, hell + blau = hellblau,*
- Verbindungen von **unveränderlichen Wörtern und Verben,** z. B.: *hin + gehen = hingehen.*

Tipp: Wenn man bei Verben das erste Wort nicht verlängern kann, schreibt man zusammen.

1 **Was genau bedeuten die folgenden zusammengesetzten Nomen? Erschließe ihre Bedeutung von hinten nach vorn.**

A der Hagelschaden: *der Schaden, der durch Hagel entstanden ist*

B die Tomatensuppe: ______________________

C die Gartenzwerge: ______________________

D die Kinderrechte: ______________________

E die Hausaufgabenhilfe: ______________________

2 **Bilde mit den Wörtern auf den Bausteinen zusammengesetzte Wörter und ordne sie in die Tabelle ein. Achte auf die Kleinschreibung der Wörter.**

Nomen + Adjektiv	Adjektiv + Adjektiv	unveränderliches Wort + Verb

3 **Kreise in der Wortkette die Wortzusammensetzungen ein und schreibe sie richtig ins Heft.**

Getrenntschreibung

-/+

Information **Getrenntschreibung**

Getrennt schreibt man, wenn die Wörter ihre eigene Bedeutung beibehalten:
- Verbindungen von **Nomen und Verben,** z. B.: *Eis essen, Auto fahren, Basketball spielen.*
- Verbindungen von **Verben und Verben**, z. B.: *einkaufen gehen, schwimmen üben, gehen lassen.*
- alle **Verbindungen mit *sein*,** z. B.: *da sein, hier sein, weg sein.*
- **Nominalisierte Verbindungen mit Verben** schreibt man groß und zusammen, z. B.: *das Eisessen, das Dasein.*

1 **Bilde mit den folgenden Wörtern Wortverbindungen und ordne sie in die Tabelle ein.**

Betten	Ski	machen	denken	wollen	da	vorbei
Gemüse	Karten	backen	laufen	müssen	dabei	zurück
Kuchen	Fußball	kochen	schwimmen	sollen	fertig	zusammen
Fleisch	spielen	grillen	üben	sein	hier	bereit

A **Nomen + Verb**	B **Verb + Verb**	C **Verbindung mit *sein***
______	______	______
______	______	______
______	______	______
______	______	______
______	______	______
______	______	______
______	______	______
______	______	______

2 **Welche Verbindung liegt bei den unterstrichenen Wörtern jeweils vor:**
A Nomen + Verb, B Verb + Verb, C Verbindung mit *sein*? Notiere in Klammern jeweils A, B oder C.

A Wenn du am Nachmittag <u>kommen möchtest</u>, werde ich <u>da sein</u>. (________) und (________)

B Wir können zuerst die <u>Hausaufgaben machen</u> und uns dann etwas vornehmen. (________)

C Wir haben die Wahl zwischen <u>Fahrrad fahren</u> und <u>schwimmen gehen</u>. (________) und (________)

D Gegen 18 Uhr muss ich aber wieder <u>zurück sein</u>. (________)

E Ich möchte gern <u>dabei sein</u>, wenn mein kleiner Bruder <u>Fußball spielt</u>. (________) und (________)

3 **a Verbinde die Verben sinnvoll. Wähle für jedes Verb in der oberen Reihe eine Möglichkeit.**

einkaufen	bleiben	laufen	lernen	schwimmen	putzen	vorsingen	denken	stehen
müssen	wollen	sollen	können	dürfen	gehen	mögen	lassen	üben

b Ergänze die folgenden Sätze sinnvoll um jeweils zwei Verben aus Aufgabe 3 a. Du kannst dabei Verben mehrfach verwenden.

A Der Lehrer meint, dass die Kinder nicht ______________________.

B Karina und Cara mögen nicht daran denken, dass sie ______________________.

C Luis und Mustafa kriegen gute Laune, weil sie ______________________.

D Meine Eltern haben mir versprochen, dass sie mit mir ______________________.

E Es ist immer ein Albtraum, wenn ich ______________________.

F Lisa und Abud haben beschlossen, dass sie ______________________.

4 **Nominalisierte Verbindungen mit Verben schreibt man groß und zusammen. Ergänze in den folgenden Sätzen die jeweils richtige Form.**

A *(Eis + essen)* Wir wollen Eis essen, weil es heiß ist. Das Eisessen bietet eine angenehme Abkühlung.

B *(Kuchen + backen)* Wer ______________________ will, muss genau arbeiten.

Beim ______________________ kommt es auf Genauigkeit an.

C *(Fahrrad + fahren)* Das ______________________ eignet sich gut als Ausdauertraining.

Deswegen will ich im Sommer häufig mit dem ______________________.

D *(schwimmen + gehen)* Bei schönem Wetter möchte ich im Sommer regelmäßig ______________________.

Zum ______________________ fehlt mir leider oft die Zeit.

E *(dabei + sein)* Wenn du deinen Geburtstag feierst, werde ich ______________________,

für mich ist das ______________________ wichtig.

5 **Wähle eine der folgenden Verbindungen und formuliere dazu zwei Sätze wie in Aufgabe 4.**

Fußball + spielen • Schlitten + fahren • Abschied + nehmen • Brot + backen • zusammen + sein

____

____

Teste dich! – Zusammen oder getrennt?

1 **Welche Aussagen zur Zusammen- und Getrenntschreibung sind richtig? Kreuze an.**

PUNKTE /6

Zusammen schreibt man …	Getrennt schreibt man …
☐ A Verbindungen aus Nomen und Nomen.	☐ E Verbindungen von Nomen und Verben.
☐ B Verbindungen von Verben und Verben.	☐ F Verbindungen von Verben und Verben.
☐ C Verbindungen von unveränderlichen Wörtern und Verben.	☐ G nominalisierte Verbindungen mit Verben.
☐ D Verbindungen mit Adjektiven.	☐ H Verbindungen mit *sein*.

2 **a Ordne die im Text markierten Verbindungen den richtigen Aussagen von Aufgabe 1 zu.**

PUNKTE /6

b Suche zu jeder richtigen Aussage von Aufgabe 1 ein weiteres Beispiel und notiere es oben.

PUNKTE /6

Schulpflicht für alle

Die Schulpflicht gilt für alle Kinder und Jugendlichen. Auch wenn sie nach der Schule einen Beruf erlernen wollen, müssen sie bis zum 18. Lebensjahr zur Schule gehen. Normalerweise ist das kein Problem, die Kinder besuchen die Schulen in ihren Heimatorten. Aber für Kinder in Schaustellerfamilien, die immer nur wenige Tage an einem Ort sind, ist es schwierig. Solange sie klein sind, können die Kinder von Jahrmarkt zu Jahrmarkt mitfahren. Wie aber können sie eine gute Schulbildung bekommen? Früher besuchten Schaustellerkinder dort die Schule, wo ihre Eltern für einen Jahrmarkt Halt machten. Das führte dazu, dass sie manchmal 30 verschiedene Schulen in einem Jahr besuchen mussten. Keine supergute Lösung. Heute gibt es für diese Kinder Stammschulen, in denen sie eingeschult sind. Unterwegs besuchen sie Stützpunktschulen, und zwar da, wo ihre Eltern arbeiten. Aber sie haben zusätzlich Bereichslehrer, die für sie zuständig sind und das Lernen abstimmen. Diese schreiben extralange Arbeitspläne, nach denen die Schüler an den verschiedenen Schulen arbeiten. Im Winter, wenn sie an ihrem Heimatort zurück sind, besuchen sie dann ihre Stammschulen und können nacharbeiten, was sie versäumt haben. Wenn sie fertig sind mit der 10. Klasse und eine Berufsschule besuchen wollen, können sie das an einigen Berufskollegs im Winter tun. Im Sommer können sie dann wieder mitreisen und in ihren Familienunternehmen helfen.

3 **Vergleiche deine Antworten mit den Angaben im Lösungsheft und zähle deine Punkte zusammen.**

☺ 18–16 Punkte	😐 15–10 Punkte	☹ 9–0 Punkte
Hervorragend, weiter so!	Wo hattest du Schwierigkeiten? Wiederhole passende Übungen.	Du solltest noch einmal üben! Wiederhole die Seiten 98–100.

Zeichensetzung – Kommaregeln beherrschen

Kommasetzung bei Aufzählungen

Z

Information **Kommasetzung bei Aufzählungen**

- **Kommas** stehen zwischen **aufgezählten Wörtern und aufgezählten Wortgruppen.** Das **Komma entfällt jedoch,** wenn sie durch ***und*** oder ***oder*** verbunden sind, z. B.: *Nairobi, Kairo und Tunis sind afrikanische Großstädte.*
- Das **Komma steht vor** den Konjunktionen ***aber, jedoch, sondern*** und ***doch.*** Sie leiten einen **Gegensatz** ein, z. B.: *Nairobi, Kairo und Tunis sind afrikanische Städte, aber Athen und Paris europäische.*

1 **Erkläre mit Hilfe der Regeln A, B, C die Kommasetzung in den Sätzen 1 bis 3. Setze den richtigen Buchstaben in Klammern hinter die Sätze.**

A Aufzählungen von Wörtern werden durch ein Komma getrennt.
B Aufzählungen von Wortgruppen werden durch ein Komma getrennt.
C Vor Konjunktionen, die einen Gegensatz einleiten, steht ein Komma.

1 In vielen Städten Afrikas leben Kinder in unwirtlichen, lebensfeindlichen und überbevölkerten Slums. (___)

2 Zwar verdienen die Menschen meistens etwas Geld, aber für ein gutes Leben einfach nicht genug. (___)

3 Mit 10 € täglich hätte eine achtköpfige Familie in Afrika ein ausreichendes Einkommen, könnte sich gesund ernähren und die Kinder zum Lernen in die Schule schicken. (___)

2 **a Setze in dem folgenden Text die sieben fehlenden Kommas.**
b Unterstreiche die Aufzählungen. Markiere Konjunktionen, die einen Gegensatz einleiten.

VORSICHT FEHLER!

Auch in den Armutsvierteln afrikanischer Städte kann man Obst Gemüse und alle anderen Grundnahrungsmittel kaufen aber nur mit ausreichend Geld. Eine gute Lösung wäre die Selbstversorgung durch eigenen Gemüseanbau. Das nötige feuchtwarme Klima wäre vorhanden jedoch leider nicht der nötige Platz. Eine Lösung sind so genannte Sackgärten, in denen Zwiebeln Spinat Kohl und Tomaten angebaut werden. Man braucht nur Platz für zwei Säcke aber man erntet daraus für eine ganze Familie. Die italienische Hilfsorganisation COOPI unterstützt die Anlage von Sackgärten. Ein bepflanzter Sack kostet 15 € aber er liefert sechs Monate lang alle drei bis sechs Tage eine Ernte.

3 **a Verbinde mit Pfeilen die folgenden Wortgruppen zu sinnvollen Sätzen.**
b Setze die Kommas. Notiere hinter jedem Satz den Buchstaben für die zutreffende Kommaregel aus Aufgabe 1.

Jeder Pflanzsack braucht in seinem Inneren ...	aber er sorgt für eine große Ernte. (___)
Die Pflanzen wachsen nicht nur oben aus dem Sack ...	Kohl Zwiebeln Paprika. (___)
Angepflanzt werden Gemüse des täglichen Bedarfs wie ...	sondern auch aus den Seiten. (___)
Der Sack benötigt nur eine kleine Grundfläche ...	kleine Steine größere Steine gedüngte Erde. (___)

Kommasetzung in Satzreihen

Z

Information **Kommasetzung in Satzreihen**

Eine **Aufzählung von Hauptsätzen** nennt man eine **Satzreihe** (▶ S. 64).
Man **trennt** die einzelnen Sätze **durch Kommas** oder verbindet sie durch **Konjunktionen.**

- Vor den Konjunktionen *und* und *oder* **kann ein Komma** stehen, muss aber nicht, z. B.:
  *Mali liegt in Afrika, Timbuktu heißt die Hauptstadt**(,) und** der Niger ist der größte Fluss des Landes.*
- Vor den Konjunktionen ***aber, doch, sondern, denn*** steht immer ein Komma, z. B.:
  *Mali liegt nicht im feuchten Teil Afrikas**, sondern** es befindet sich in der trockenen Zone südlich der Sahara.*

1 **Erkläre mit den Regeln A, B, C die Kommasetzung. Setze den richtigen Buchstaben in Klammern hinter die Sätze.**

A Hauptsätze werden durch ein Komma voneinander getrennt.
B Vor den Konjunktionen *und* und *oder* kann ein Komma stehen, muss aber nicht.
C Vor den Konjunktionen *aber, doch, sondern, denn* steht immer ein Komma.

Kinder in Afrika müssen früh arbeiten, ihre Aufgabe ist häufig die Versorgung mit Holz und Wasser. (___) Sie können oft nicht zur Schule gehen, sondern sie müssen ihrer Familie beim Überleben helfen. (___) Ihre Aufgabe können sie in den trockenen Gebieten oft nur schwer bewältigen, denn es gibt immer weniger Holz (___), die Kinder müssen immer weitere Wege in Kauf nehmen. (___) Ein Solarkocher könnte Holz überflüssig machen(,) und das würde vor allem die Arbeit der Frauen und Kinder vereinfachen. (___)

2 **a Setze in der Fortsetzung des Textes aus Aufgabe 1 die sechs fehlenden bzw. möglichen Kommas.**
b Notiere den Buchstaben aus Aufgabe 1, der die entsprechende Regel für die Kommasetzung nennt.

Mädchen profitieren besonders von den Solarkochern denn sie gewinnen Zeit für die Schule. (___) Sie müssen nicht mehr endlos lange Holz für das Feuer sammeln sondern sie können lernen. (___) Leider kann man die Solarkocher nicht überall unproblematisch einsetzen sie passen nicht zu den Lebensgewohnheiten vieler Menschen in Afrika. (___) Zwar scheint in Afrika fast überall die Sonne im Überfluss aber oft wird nur abends gekocht (___) und da scheint die Sonne nicht mehr. (___) Viele Frauen dürfen zudem nicht draußen kochen aber der Kocher funktioniert nicht im Haus. (___)

3 **a Verbinde im Heft die folgenden Hauptsätze.**
b Schreibe einen zusammenhängenden Text und prüfe deine Kommasetzung.

Solarkocher könnten eine Lösung für das knapp werdende Holz sein.	Das ist nicht praktisch.
Wandernde Familien müssen den Kocher mitnehmen und an anderen Stellen wieder aufbauen.	
Sie bergen Gefahren.	Die Spiegel für die Solarkocher können bis zu 300°C heiß werden.
Außerdem brauchen Solarkocher viele Schrauben.	Schrauben gehen schnell verloren.
Kinder können sich leicht Verletzungen zuziehen.	

Kommasetzung in Satzgefügen

Z

Information **Kommasetzung in Satzgefügen**

Satzgefüge (mindestens ein **Haupt- und** ein **Nebensatz;** ▶ S. 64) werden **durch Kommas getrennt.**
Der **Nebensatz** kann **vor** oder **nach** dem Hauptsatz stehen oder **eingefügt** sein, z. B.:
- **vor:** *Wenn Kinder in der Schule lernen sollen, brauchen sie ausreichend Nahrung.*
- **nach:** *Kinder brauchen ausreichend Nahrung, wenn sie in der Schule lernen sollen.*
- **eingefügt:** *Kinder brauchen, wenn sie in der Schule lernen sollen, ausreichend Nahrung.*

1 **Mache dir klar, warum in den folgenden Sätzen Kommas gesetzt wurden. Unterstreiche in den Satzgefügen die Nebensätze. Markiere die Kommas.**

Hirse ist das Grundnahrungsmittel vieler Menschen in Afrika, weil sie auch unter ungünstigen Bedingungen gut angebaut werden kann. Dass sie aber auch sehr gesund ist, ist dabei wichtig für die Ernährungssituation der Menschen. So gilt Hirse, da sie viel Magnesium und Folsäure enthält, auch als Gesundmacher.

2 **Unterstreiche im nachstehenden Text die Nebensätze. Setze die fehlenden Kommas.**

Hirse hat ein kräftiges Aroma das den Hirsebrei sehr schmackhaft macht. Die Hirse wird einfach 30 bis 40 Minuten in Wasser das sie im Topf bedecken muss gekocht. Es gilt in der Regel dass man für ein halbes Pfund Hirse einen halben Liter Wasser nehmen muss. Wenn man Hirse vor dem Garen in einer Pfanne leicht anröstet bekommt sie einen nussigen Geschmack.

3 **a** **Verbinde die folgenden Sätze mit Pfeilen zu sinnvollen Satzgefügen.**
b **Ordne sie, sodass sich ein sinnvoller Text ergibt. Schreibe ihn ins Heft.**
c **Prüfe deine Kommasetzung.**

Hirsebrei mit Beilage

Alle Gemüsesorten werden geputzt und zerkleinert ...	... da er Zutaten für eine Gemüsepfanne liefert.
Für viele afrikanische Menschen gibt es nur Hirsebrei ...	... weil nichts anderes vorhanden ist.
Eine Gemüsebeilage ist eine willkommene Abwechslung ...	... damit sie schnell garen können.
Der Sackgarten kann eine gute Ergänzung sein ...	... wenn beides vorhanden ist.
Das Garen geschieht in einer Pfanne mit Öl ...	... weil sie gesund ist und gut schmeckt.

Kommasetzung vor *das* oder *dass*

Information **Nebensätze mit *das* oder *dass* unterscheiden**

Nebensätze, die mit ***das*** oder ***dass*** beginnen, werden durch **Komma** abgetrennt.

- Relativsätze (▶ S. 68) mit ***das*** beziehen sich auf ein sächliches Nomen im Hauptsatz, z. B.:
  *Ein **Kind**, **das** die Schule besucht, kann seine Zukunft leichter meistern.*
- ***Dass*** dagegen **bezieht sich auf das Verb des vorangegangenen Satzes,** z. B.:
  *Jeder **weiß**, **dass** Kinder mit Schulbildung bessere Chancen für die Zukunft haben.*

1 a **Setze im folgenden Text die notwendigen Kommas vor *das* oder *dass*.**
b **Begründe die jeweilige Schreibung von *das* und *dass*, indem du das Bezugswort im Hauptsatz unterstreichst.**

Die afrikanische Sahelzone ist ein Gebiet das durch sehr trockenes Klima mit nur einer Regenzeit im Jahr geprägt ist. Die Menschen im Norden haben sich in ihrer Lebensweise dadurch angepasst dass sie der Regenzeit mit ihren Tieren von Weideplatz zu Weideplatz hinterherziehen. Das heißt dass auch die Kinder ständig ihren Wohnort wechseln. Im Süden betreiben die Menschen Ackerbau. Auch in diesen Familien ist es so dass die Kinder früh Aufgaben übernehmen. Die Bevölkerung wächst sehr stark. Das bedeutet dass immer größere Flächen für den Anbau von Nahrungsmitteln wie z. B. Hirse benötigt werden.

2 **Bilde in deinem Heft mit Hilfe der folgenden Satzbausteine sinnvolle Satzgefüge.**
Leite die Nebensätze mit *dass* ein und setze ein Komma davor, z. B.:
Früher war es die Pflicht der Bewohner der Sahelzone, dass man die Bäume pflegte.

Früher war es die Pflicht der Bewohner der Sahelzone ...	Man holzte die Bäume einfach ab.
Später wurde es normal ...	Der Brennholzbedarf wird reduziert.
Die Staaten der Sahelzone müssen heute daran arbeiten ...	Man baut Lehmöfen.
Eine Möglichkeit besteht darin ...	Man legt drei Steine auf die Erde und macht ein Feuer.
Das kann man dadurch schaffen ...	Man pflegte die Bäume.
Eine afrikanische Feuerstelle zeichnet sich dadurch aus ...	Der Boden wird geschützt.
Ein Lehmofen führt dazu ...	Man kocht mit viel weniger Holz.
Ein weiterer Vorteil ist ...	Ein Ofen kann in Afrika gebaut werden und kostet nicht viel.

Zeichensetzung bei der wörtlichen Rede

Z

Information **Zeichensetzung bei der wörtlichen Rede**

- Die **wörtliche Rede** steht in **Anführungszeichen,** z. B.: *„Wie kann man die Situation verbessern?“*
- Der **Redebegleitsatz** gibt an, wer etwas wie sagt.
  - Steht er **vor** der wörtlichen Rede, folgt ein Doppelpunkt, z. B.: *Lisa meint: „Durch Umweltmaßnahmen!“*
  - **Zwischen** der wörtlichen Rede wird er durch zwei Kommas abgetrennt, z. B.: *„In manchen Ländern“, erklärt Tom, „erzielt man durch Wiederaufforstung große Erfolge.“*
  - **Nach** der wörtlichen Rede wird er durch ein Komma abgetrennt: *„Das stimmt“, findet Max.*

1 **Begründe in folgenden Sätzen die Zeichensetzung bei der wörtlichen Rede:**
a **Unterstreiche die wörtliche Rede und markiere die Zeichen davor und danach.**
b **Ordne den Redebegleitsätzen den jeweils richtigen Buchstaben zu.**

A vorangestellter Begleitsatz
B eingeschobener Begleitsatz
C nachgestellter Begleitsatz

Zwei Schüler haben über das Problem der Wüstenausdehnung in Afrika recherchiert.

„Die Sahelzone, die sich südlich an die Sahara anschließt, kennen viele nur als Hungerkatastrophengebiet“, meint Adrian. (__) Sein Lernpartner stellt klar: „Dabei war die Sahelzone lange die Kornkammer Afrikas.“ (__) „Dass die Wüste wächst, liegt daran“, erklärt Adrian, „dass die Bauern immer mehr Holz geschlagen haben, um die Ackerflächen zu vergrößern.“ (__) Die Schüler verweisen auf ihren Artikel in der Schülerzeitung: „Lest einmal unseren Beitrag. Es gibt interessante Projekte zur Wiederaufforstung.“ (__)

2 **Im Artikel der Schüler fehlen die Zeichen zur Kennzeichnung der wörtlichen Rede.**
a **Unterstreiche die wörtliche Rede im Text und markiere die Redebegleitsätze farbig.**
b **Prüfe, wo die Begleitsätze stehen, und ergänze dann die notwendigen Zeichen.**

VORSICHT FEHLER!

Wie man die Wüste stoppen kann

In Tunesien hat sich eine junge Frau ein interessantes Projekt ausgedacht, das die Ausbreitung der Wüste verhindern und gleichzeitig den Frauen Arbeit geben soll. Sie setzt auf Akazien und erklärt die Vorteile des Baumes so Akazien haben stark entwickelte Wurzeln, die bis zu 100 Meter tief in der Erde nach Wasser suchen können. Damit ist der Baum für die Trockengebiete ideal. Zur Nutzung der Akazien meint sie Die Akazie produziert den Rohstoff für Kaugummi, und wenn Frauen diesen Stoff aus den Bäumen gewinnen, haben sie ein festes Einkommen. 2012 hat sie die erste Farm für Akazien gegründet. Heute sagt sie haben damit bereits 15 Frauen ihr Auskommen, und der Schatten der Bäume schützt das Land vor dem Austrocknen.

Andere Projekte wollen die Arbeitsweise der Bauern verändern. Die besten Ideen kommen von den Bauern selbst meint eine Umweltaktivistin. Manchmal hilft auch der Zufall. Eine Witwe musste nach dem Tod ihres Mannes selbst pflügen, aber die Reihen wurden krumm und schief erzählt eine Wissenschaftlerin aus Äthiopien. Sie säte trotzdem und erntete mehr, weil in den schiefen Reihen das Wasser nicht so stark ablief fährt sie fort.

Teste dich! – Zeichensetzung

1 **Erkläre die Kommasetzung im folgenden Text mit Hilfe der Regeln A, B, C, D. Setze den richtigen Buchstaben in Klammern hinter die Sätze.**

PUNKTE /5

A Aufzählung von Wörtern und Wortgruppen
B Satzreihen
C Satzgefüge
D Konjunktionen, die einen Gegensatz anzeigen

Die Wüste wächst, aber es gibt erste Hoffnungsschimmer. (___)
Der Kampf gegen die Wüstenbildung, gegen Abholzung und Abtragung des Bodens ist eine der größten Herausforderungen in Afrika. (___)
Nur Bäume können letztlich die Austrocknung stoppen, denn sie halten den Wind ab und das Wasser im Boden. (___)
Sie sind so wichtig, weil sie Schatten bieten. (___) Außerdem locken sie Würmer und Insekten an(,) und ihre Blätter dienen als Dünger. (___)

2 **Setze in dem folgenden Text die zehn fehlenden Kommas.** VORSICHT FEHLER!

PUNKTE /9

Seit Jahrzehnten versuchen Wissenschaftler Agrartechniker und Hilfsorganisationen die Ausbreitung der Wüste zu stoppen. Trockenperioden Wasserknappheit und der wachsende Bedarf an Feuerholz beschleunigen diesen Prozess. Es ist deshalb kein Wunder dass die Länder der Sahelzone wollen dass wieder Bäume in der abgeholzten trockenen Gegend wachsen. In den letzten Jahren haben viele Wissenschaftler experimentiert. Sie haben Bäume gepflanzt Windfänge errichtet Zäune gezogen aber die Ergebnisse waren kläglich: Mal knabberten Ziegen die jungen Triebe ab dann fegte ein Sandsturm die Blätter von den Zweigen. Oft fällten die Bauern die Bäume aber auch weil sie Feuerholz brauchten.

3 **Markiere die Aussagen, die in wörtlicher Rede stehen. Ergänze die fehlenden Zeichen.** VORSICHT FEHLER!

PUNKTE /12

Im Humbo-Tal im afrikanischen Staat Niger hat man die Begrünung der trockenen Sahelzone auf unerwartete Weise geschafft. Ein Reporter fragt vor Ort nach Wie kommt es, dass es an Stellen, wo zuvor nichts mehr wuchs, nun wieder Tierfutter gibt? Einer der anwesenden Bauern antwortet Wir haben wieder Baumschatten, der die Erde vor Austrocknung schützt. Aber wie konnte man denn bei der Trockenheit neue Bäume pflanzen? fragt der Reporter weiter. Wir haben keine neuen Bäume gepflanzt, sondern unsere alten Baumstümpfe gepflegt erklärt ein anderer Bauer damit sie wieder neue Triebe bilden können. Und er verkündet stolz Das hat uns den Erfolg gebracht. Ein anderer fügt erklärend hinzu Wir schneiden die jungen Triebe ab. Diese lassen wir einige Wochen auf dem Boden liegen. Durch diesen Schutz gegen die Austrocknung werden die Baumstümpfe wieder grün.

4 **Vergleiche deine Antworten mit den Angaben im Lösungsheft und zähle deine Punkte zusammen.**

☺ 26–23 Punkte	😐 22–14 Punkte	☹ 13–0 Punkte
Gratulation!	Welche Kommaregeln haben dir Probleme bereitet? Wiederhole passende Übungen.	Du solltest noch einmal üben! Wiederhole die Seiten 102–106.

Ich teste meinen Lernstand

Mit den folgenden Tests kannst du feststellen, wie erfolgreich du im Fach Deutsch gelernt hast.
Du kannst mit den Tests prüfen,

- wie gut du **Sachtexte lesen und verstehen** kannst (Test A),
- wie sicher du in der **Grammatik** bist (Test B),
- welche **Rechtschreibstrategien** und **Rechtschreibregeln** du beherrschst (Test C),
- wie gut du **einen Informationstext schreiben** kannst (Test D).

Wenn du wissen willst, was du im Fach Deutsch gelernt hast, kannst du alle Tests am Ende des Schuljahres bearbeiten. Aber auch während des Schuljahres kannst du prüfen, in welchen Bereichen du weiter üben musst. Plane feste Zeiten ein, um einen Test zu bearbeiten. Lies die Aufgaben genau, arbeite ruhig und gründlich. Zum Schluss kannst du deine Lösungen mit Hilfe des Lösungsheftes selbst kontrollieren, deine Punktzahl berechnen und deine Fähigkeiten bewerten.

Test A – Sachtexte und Grafiken lesen und verstehen

1 Worum geht es in dem folgenden Sachtext?
Lies ihn und kreuze an, welcher Satz das Thema des Textes am besten zusammenfasst.

PUNKTE /1

A	In dem Text geht es um Sehenswürdigkeiten in Chinas Großstädten.	☐
B	In dem Text geht es um die schulische Ausbildung chinesischer Kinder.	☐
C	In dem Text geht es um Umweltkatastrophen in China.	☐
D	In dem Text geht es um das Leben eines chinesischen Jungen in Peking.	☐

Angela Köckritz

Hallo, ich bin Dongdong – Leben in der Hauptstadt Chinas

❶ Dongdong […] heißt eigentlich Cai Jinsheng, Dongdong ist nur sein Spitzname. Als er auf die Welt kam, war sein Kopf so rund, dass er seine Mutter an einen Kürbis erinnerte. Auf Chinesisch heißt der Donggua. Deshalb heißt Jinsheng jetzt Dongdong, wobei man im Chinesischen das *O* mehr wie ein *U* ausspricht. Dann klingt Dongdong so, als würde man eine Glocke anschlagen. Dongdong lebt im Norden Pekings in einer Wohnanlage, die von außen aussieht wie eine Prinzenresidenz. Da gibt es ein Tor mit Säulen und einen Springbrunnen, dahinter aber liegen einfache Hochhäuser, in denen man nicht unbedingt einen Prinzen vermuten würde. Hier wohnt Dongdong mit seiner Mutter. […]

❷ Manche Dinge in Dongdongs Leben sind ganz ähnlich wie im Leben deutscher Kinder. Etwa dass seine Mutter schimpft, wenn das Zimmer nicht aufgeräumt ist. Manche Dinge aber sind ganz anders. Da ist zum Beispiel die Sache mit der Luft. Wenn sich eine Smogwolke über Peking legt wie so oft, darf Dongdong nicht raus zum Spielen. […] Die Städte in China sind riesig. In Peking leben etwa 23 Millionen Menschen, das sind mehr als siebenmal so viele Einwohner wie in Berlin! Es gibt viel Industrie, und die Menschen heizen mit Kohle. Vor allem aber haben sehr viele in den vergangenen Jahren ein Auto gekauft. Früher war China ein armes Land, fast alle fuhren mit dem Rad. […] Dann aber wurde China immer reicher, und plötzlich wollen alle ein Auto haben. Deshalb ist die Luft so schmutzig.

❸ Dongdong hat keine Geschwister, wie so viele Kinder in China. China ist das Land auf der Erde mit den meisten Einwohnern. 1,3 Milliarden Menschen leben hier. Auf der ganzen Welt sind es ungefähr 7 Milliarden. Damit es nicht noch mehr Menschen in

China werden, hat die Regierung schon vor vielen Jahren angeordnet, dass Eltern in den Städten nur ein Kind bekommen sollen. Kriegen sie noch ein zweites, müssen sie hohe Strafen zahlen. [...]

❹ Seit einiger Zeit hat Dongdong wenig Zeit [...]. Seit er die Mittelschule besucht, ist die Schule richtig anstrengend geworden. Morgens geht es mit Frühsport los, um halb vier nachmittags endet der Unterricht. Danach muss Dongdong Hausaufgaben machen und zwei Stunden zur Nachhilfe. Dort bekommt er noch mal Hausaufgaben. Dongdong muss nicht etwa zur Nachhilfe, weil er so schlecht in der Schule wäre – viele Kinder in Peking gehen hin, egal, wie gut sie sind. Weil viele chinesische Eltern eben nur ein Kind haben, verwöhnen sie es sehr. Einerseits. Andererseits haben sie an ihr Kind auch hohe Erwartungen und wollen unbedingt, dass es Erfolg hat. [...]

❺ Nicht alle Nachhilfestunden haben etwas mit der Schule zu tun. Samstags, wenn Kinder in Deutschland frei haben, ist Dongdongs Tag besonders voll. Erst hat er Mathe. „Den Kurs hasse ich. Aber was soll ich machen, in Mathe bin ich nicht gut.“ Danach geht er in den Flugzeugmodellbaukurs. Anschließend in den Roboterbaukurs. Und schließlich zur Kalligrafie, dort lernt er, chinesische Schriftzeichen schön aufzuschreiben. An anderen Tagen lernt er Englisch, Tischtennis und Fußball. [...] Wenn er groß ist, will Dongdong Wissenschaftler werden, chinesische Medizin studieren und etwas ganz Tolles erfinden.

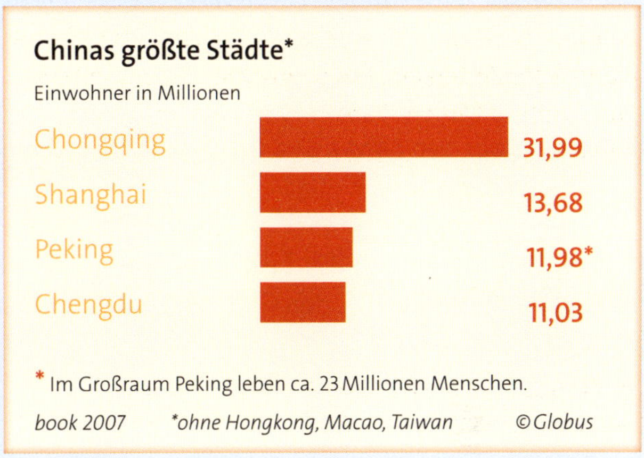

2 **Kreuze an, ob die Aussagen mit dem Text übereinstimmen oder nicht.**

PUNKTE /4

	richtig	falsch
A In China leben knapp eine Milliarde Menschen.	☐	☐
B Dongdong lebt in einer Wohnanlage im Norden von Peking.	☐	☐
C Dongdong ist Cais Nachname.	☐	☐
D Viele Kinder in China nehmen Nachhilfeunterricht.	☐	☐

3 **Welche Überschrift passt zu welchem Textabschnitt? Trage die richtigen Nummern ein.**

PUNKTE /5

A Peking im Smog Nr.

B Spielen und Freizeit Nr.

C Dongdongs Spitzname und Zuhause Nr.

D Schule und Nachhilfe Nr.

E Die Ein-Kind-Familie Nr.

4 **Prüfe dein Verständnis der Grafik: Welche Aussage trifft zu? Kreuze an.**

PUNKTE /4

Die Grafik zeigt, ...	richtig	falsch
A wie viele Einwohner in chinesischen Großstädten leben.	☐	☐
B dass in Peking weniger Menschen leben als in Shanghai.	☐	☐
C dass alle chinesischen Städte etwa 8 Millionen Einwohner haben.	☐	☐
D wie viele Kinder in Chinas großen Städten leben.	☐	☐

5 **a** **Prüfe deine Lösungen mit Hilfe des Lösungsheftes. Trage die Punkte neben den Aufgaben ein.**
b **Übe erneut die Aufgaben, bei denen du keine oder nur wenige Punkte erreicht hast.**

GESAMT /14

Test B – Grammatik

1 **a Unterstreiche in dem folgenden Satz farbig: Possessivpronomen grün, Personalpronomen blau, Relativpronomen schwarz, Demonstrativpronomen gelb.** PUNKTE |4

In unserem Text geht es um einen Jungen, der Dongdong heißt. Dieser wohnt in Peking.

b Mit welchen Personalpronomen kannst du „Dongdong" in den Sätzen A und B ersetzen? Schreibe die von dir gewählten Pronomen über den Namen. PUNKTE |4

A Dongdong hat wenig Zeit. Auch samstags geht Dongdong in die Schule, die Dongdong sehr fordert.

B Dongdong würde es gefallen, später als Wissenschaftler etwas Besonderes zu erfinden.

2 **a Schreibe aus den Sätzen 6–8 in Abschnitt ❺ *(„Danach geht … – … schön aufzuschreiben.")* vier Adverbien heraus.** PUNKTE |4

b Notiere in Klammern: Was bezeichnet das Adverb jeweils – den Ort (O), die Zeit (Z), den Grund (G) oder die Art und Weise (A+W)? PUNKTE |4

_______________ (____), _______________ (____), _______________ (____), _______________ (____)

3 **a Notiere: In welcher Zeitform steht der letzte Satz in Abschnitt ❶?** PUNKTE |1

____

b Formuliere den gleichen Satz im Präteritum, Perfekt, Plusquamperfekt und Futur I. Schreibe ins Heft. PUNKTE |4

c Kreuze an: Bei dem Verb „wohnen" handelt es sich um ☐ ein starkes Verb ☐ ein schwaches Verb. PUNKTE |1

4 **a Aktiv (A) oder Passiv (P)? Bestimme dies für die folgenden Sätze A und B. Notiere in die Klammern.** PUNKTE |2

A Dongdong baut Roboter. (_____)

B Auch Flugzeugmodelle werden von Dongdong gebastelt. (_____)

b Schreibe in deinem Heft den Aktivsatz ins Passiv um und den Passivsatz ins Aktiv. PUNKTE |2

5 **a Informiere genauer! Ergänze in deinem Heft Satz 1 in Abschnitt ❹ durch die folgenden Satzglieder:** PUNKTE |2

wegen der Schule durch zusätzliche Aufgaben

b Bestimme im Heft alle Satzglieder des neuen Satzes so: Subjekt (S), Prädikat (P), Akkusativobjekt (A), adverbiale Bestimmung (AB-Zeit/AB-Grund). PUNKTE |6

6 **Verknüpfe in deinem Heft die beiden folgenden Hauptsätze sinnvoll zu einem Satzgefüge mit einem:**
– Kausalsatz, – Temporalsatz.
Tipp: Nutze jeweils eine passende von diesen Konjunktionen:
als, bevor, nachdem, weil, da, während, indem, wenn. PUNKTE |2

Dongdong beherrscht chinesische Schriftzeichen. Er hat die Schreibung geübt.

7 **a Prüfe deine Lösungen mit Hilfe des Lösungsheftes. Trage die Punkte neben den Aufgaben ein.**
b Übe erneut die Aufgaben, bei denen du keine oder nur wenige Punkte erreicht hast. GESAMT |36

Deutschbuch

Erweiterte Ausgabe

Arbeitsheft 7

Lösungen

Name: ______________________

Klasse: ____________

Cornelsen

Arbeitstechniken

Seite 5

Informationen recherchieren – Kometensuche

1 a **Mögliche Lösung:**
Wo kann ich den Kometen Lovejoy beobachten?
b 2, 1, 3, 4

2 **Mögliche Lösung:**
Komet (Z. 1), Sonnensystem (Z. 6), Kometenbeobachtung (Z. 9)

Seite 6

3 **Mögliche Schlüsselwörter:**
Komet Lovejoy (Z. 1), grüne Schein (Z. 2), Sonnenlicht (Z. 3), Gas- und Staubhülle (Z. 3–4), Klumpen aus Gestein und Eis (Z. 5), Sonnensystems (Z. 6), Schweif (Z. 7), Abendstunden (Z. 8), Wetter (Z. 9), wolkenfreier Himmel (Z. 10), Fernglas (Z. 11), wenig Licht (Z. 12), Hobbyforscher (Z. 14)

4 a, b **Mögliche Lösung:**

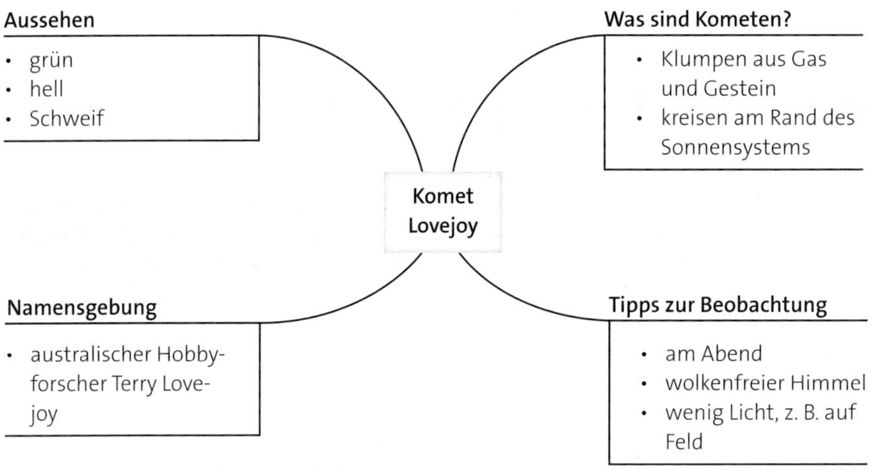

5 a **Mögliche Lösung:**
www.blindekuh.de, www.wasistwas.de *oder* www.google.de

Sprechen – Zuhören – Schreiben

Seite 7

Einen Informationstext schreiben – Marsmission

1 b A die Funkantenne; B die Kamera; C die Wetterstation; D die Aluminiumräder; E der Arbeitsarm

Seite 9

2 a A 4; B 5; C 2; D 3; E 1
b Richtige Antworten: A, D
c Z. 14–21

3 a, b, c **Mögliche Lösung:**

Marserkundung des Roboters „Curiosity“

1) Wie gelangt der Roboter auf den Mars?
- mit der Raumsonde MSL in acht Monaten
- Landung mit Fallschirm
- Luftkran lässt Rover herab 20 Meter über Marsoberfläche

2) Wie bewegt sich der Roboter auf dem Mars fort?
- sehr wendig
- fast so groß und schwer wie Kleinwagen
- sechs Aluminiumräder
- kann über Felsbrocken fahren
- fährt langsam: 40 m pro Tag

3) Welche Aufgaben hat der Roboter auf dem Mars?
- soll herausfinden, ob es früher Leben auf dem Mars gab
- soll untersuchen, woraus der Mars besteht
- soll Gesteinsproben entnehmen und auswerten
- soll genaue Bilder machen

4) Wieso wird ein Roboter zur Erforschung eingesetzt?
- kann extremen Temperaturen standhalten
- hält Strahlung der Sonne aus
- kein Heimweh
- braucht keine Nahrung und keinen Sauerstoff
- bei einem Unfall nur Blechschäden

Seite 10

4 **Mögliche Überschriften:** Marserkundung mit Hilfe eines Roboters / Ein Roboter erforscht den Mars

5 **Mögliche Lösung:**

A „Curiosity“ ist englisch und bedeutet „Neugier“. Was macht ein Roboter, der so heißt?
Im folgenden Text möchte ich euch darüber aufklären, wie der von der US-amerikanischen Weltraumbehörde NASA entwickelte Roboter Curiosity auf den Mars gelangt, wie er sich fortbewegt und welche Aufgaben er während der Marsmission hat. Außerdem werde ich darauf eingehen, wieso ein Roboter sich so gut für die Erforschung eines Planeten eignet.

6 b obwohl; Damit; denn

Seite 11

7 **Mögliche Lösung:**

Der Roboter hat verschiedene Aufgaben auf dem Mars. Zunächst soll er herausfinden, ob es früher Leben auf dem Mars gegeben hat. Weiterhin soll er untersuchen, woraus der Mars besteht. Dazu fotografiert er und entnimmt Gesteinsproben, die in einem Labor im Inneren des Roboters ausgewertet werden.

8 **Mögliche Lösung:**

A Zusammenfassend kann man sagen, dass Curiosity ein beeindruckender Roboter ist, der die Spurensuche auf dem Mars mit Hilfe seines hoch entwickelten Zubehörs und seiner vielen Fähigkeiten ausgezeichnet meistern kann.

9 **Mögliche Lösung:**

Marserkundung mit Hilfe eines Roboters

„Curiosity“ ist englisch und bedeutet „Neugier“. Was macht ein Roboter, der so heißt?
Im folgenden Text möchte ich euch darüber aufklären, wie der von der US-amerikanischen Weltraumbehörde NASA entwickelte Roboter Curiosity auf den Mars gelangt, wie er sich fortbewegt und welche Aufgaben er während der Marsmission hat. Außerdem werde ich darauf eingehen, wieso ein Roboter sich so gut für die Erforschung eines Planeten eignet.
Die Raumsonde MSL benötigt acht Monate, um den Roboter Curiosity zum Mars zu bringen. Damit er bei der großen Geschwindigkeit nicht zu hart auf der Oberfläche des Mars aufstößt, bremst ihn ein Fallschirm bei der Landung ab. 20 Meter über der Marsoberfläche lässt ein schwebender Kran den Roboter dann an Tauen aus Nylon vorsichtig herab, sodass er sicher auf seinen Aluminiumrädern landet.
Der Rover ist sehr wendig, obwohl er fast so groß und schwer wie ein Kleinwagen ist. Damit er auch große Felsbrocken überwinden kann, verfügt er über sechs Aluminiumräder. Er fährt nur etwa 40 m pro Tag, denn er soll die Marsoberfläche gründlich erforschen.
Der Roboter hat verschiedene Aufgaben auf dem Mars. Zunächst soll er herausfinden, ob es früher Leben auf dem Mars gegeben hat. Weiterhin soll er untersuchen, woraus der Planet besteht. Dazu fotografiert er und entnimmt Gesteinsproben, die in einem Labor im Inneren des Roboters ausgewertet werden.
Da Roboter robust, furchtlos und schmerzfrei sind, eignen sie sich besonders gut für solche Missionen. Sie können extremen Temperaturen standhalten und vertragen auch die energiereiche Strahlung der Sonne. Während bei Astronauten durch die Schwerelosigkeit im Weltall die Muskeln schwinden, stört die Schwerelosigkeit die Funktionsweise eines Roboters nicht. Außerdem benötigt ein Roboter weder Nahrung noch Sauerstoff und verursacht bei einem Unfall nur Blechschäden.
Zusammenfassend kann man sagen, dass Curiosity ein beeindruckender Roboter ist, der die Spurensuche auf dem Mars mit Hilfe seines hoch entwickelten Zubehörs und seiner vielen Fähigkeiten ausgezeichnet meistern kann.

Seite 12

Personen beschreiben – Stars aus China

1 Name: Lang Lang, Geschlecht: männlich, Alter (geschätzt): 35 Jahre, Herkunft: China, Tätigkeit: Pianist

2 a, b **Mögliche Lösung:**

3) Haare/Frisur: voll, kurz, glatt, glänzend, schwarz, modisch	**1) Gesichtsform:** oval	**4) Haut:** hell
6) Augen: schmal, mandelförmig, dunkel	**5) Augenbrauen:** dunkel, dicht	**7) Nase:** breit
8) Lippen: voll	**2) Kinn:** spitz	**10) Kleidung:** gepflegt, elegant
9) Körperbau/Figur: schlank		

Seite 13

3 a Name, Geschlecht, Herkunft, Alter, Tätigkeit
b Der Pianist Lang Lang kommt aus China und ist ungefähr 35 Jahre alt.

4 a Lang Lang hat einen Anzug an. Der Anzug hat eine graue Hose und ein hellgraues Jackett. Die Kombination hat einen glänzenden Farbton, wodurch sie eine sehr festliche Wirkung hat. Das Hemd hat eine violette Farbe. Dazu hat der Pianist aber keine Krawatte oder Fliege um den Hals. Er hat den Kragenknopf offen. Der Kleidungsstil des Pianisten macht einen eleganten, aber auch lässigen Eindruck.
b Lang Lang trägt einen Anzug. Dieser besteht aus einer grauen Hose und einem hellgrauen Jackett. Die Kombination hat einen glänzenden Farbton, wodurch sie sehr festlich wirkt. Das Hemd ist violett. Dazu trägt der Pianist aber keine Krawatte oder Fliege um den Hals. Der Kragenknopf ist offen. Der Kleidungsstil des Pianisten macht einen eleganten, aber auch lässigen Eindruck.

5 **Mögliche Lösung:** Lang Lang wirkt sympathisch, freundlich und zurückhaltend.

6 **Mögliche Lösung:**
Personenbeschreibung: Lang Lang
Der Pianist Lang Lang kommt aus China und ist ungefähr 35 Jahre alt. Er hat ein ovales Gesicht mit spitzem Kinn und schwarzen, kurzen Haaren. Seine Haut ist hell und unter den dichten Augenbrauen schauen dunkle, mandelförmige Augen freundlich zum Publikum. Auffällig sind seine vollen Lippen unter der breiten Nase. Lang Lang hat eine schlanke Figur und trägt einen Anzug. Dieser besteht aus einer grauen Hose und einem hellgrauen Jackett. Die Kombination hat einen glänzenden Farbton, wodurch sie sehr festlich wirkt. Das Hemd ist violett. Dazu trägt der Pianist aber keine Krawatte oder Fliege um den Hals, und auch der Kragenknopf ist offen. Der Kleidungsstil des Pianisten macht einen eleganten, aber auch lässigen Eindruck. Lang Lang wirkt sympathisch, freundlich und zurückhaltend.

Seite 14

Bilder beschreiben – Chinesische Reisbauern

1 **Mögliche Lösung:**

Hauptmotiv	landwirtschaftliche Szene, in der Reis gepflanzt wird
Figuren	chinesische Bauern
Tätigkeiten	Reispflanzen in den Boden setzen, miteinander sprechen
Umgebung	Reisfelder, Wege, Brücke, Büsche, Baum, Fluss
Farbwahl	helle Farben, Pastelltöne, viele Grüntöne, rotbraune Brücke
Gesamteindruck	friedlich, harmonisch

Seite 15

2 **Mögliche Lösung:**
Das Bild eines unbekannten chinesischen Malers mit dem Titel „Bauern pflanzen Reis" stammt aus dem 19. Jahrhundert.
Es ist mit Aquarellfarben auf Papier gemalt und zeigt eine landwirtschaftliche Szene, in der chinesische Bauern Reis setzen.

3 **Mögliche Lösung:**
Im Vordergrund des Bildes sieht man ein Feld, auf dem in regelmäßigen Abständen grüne Reispflanzen stehen. In der linken Bildecke erkennt man einen Weg, der das Reisfeld umrandet.
Im Mittelgrund ist eine Gruppe von Bauern zu erkennen. Sie tragen Reispflanzen auf dem Arm und unterhalten sich miteinander, während sie die Reispflanzen in den Boden setzen.
Im Hintergrund erkennt man weitere Reisfelder, auf denen andere Bauern damit beschäftigt sind, Reispflanzen zu setzen.
Die Reisfelder werden von Wegen umrahmt, die mit Gras bepflanzt sind. Außerdem sind zwei große Bäume abgebildet.

4 A zarte, gelbgrüne; B rotbraune; C dunklen; D graublau/blassblau

5 **Mögliche Lösung:** idyllisch, friedlich, harmonisch

6 a **Mögliche Lösung:**

Bildbeschreibung: Chinesische Reisbauern

Das Bild eines unbekannten chinesischen Malers mit dem Titel „Bauern pflanzen Reis" stammt aus dem 19. Jahrhundert. Es ist mit Aquarellfarben auf Papier gemalt und zeigt eine landwirtschaftliche Szene, in der chinesische Bauern Reispflanzen setzen.

Im Vordergrund des Bildes sieht man ein Feld, auf dem in regelmäßigen Abständen grüne Reispflanzen stehen. In der linken Bildecke erkennt man einen Weg, der das Reisfeld umrandet.

Im Mittelgrund ist eine Gruppe von Bauern zu erkennen. Sie tragen Reispflanzen auf dem Arm und unterhalten sich miteinander, während sie die Reispflanzen in den Boden setzen. Die Bauern tragen kurze Hosen sowie farbige Oberteile, und einige von ihnen haben als Kopfbedeckung einen Hut auf. An ihren Gesten sieht man, dass sie sich unterhalten. In der Mitte des Bildes befindet sich eine rotbraune Holzbrücke, die über einen Fluss führt und die Reisfelder miteinander verbindet.

Im Hintergrund sind weitere Reisfelder zu erkennen, auf denen Bauern damit beschäftigt sind, Reispflanzen zu setzen.

Die Reisfelder werden von Wegen umrahmt, die mit Gras bepflanzt sind. Außerdem sind zwei große Bäume abgebildet.

In der Farbgestaltung überwiegen Pastellfarben und viele Grün- und Blautöne. Für die Wege zwischen den Reisfeldern wurden zarte gelbgrüne Farbtöne gewählt. Die Brücke in der Bildmitte erscheint in einem auffälligen rotbraunen Ton. Reispflanzen, Sträucher und Bäume wurden mit dunklen Grüntönen gemalt. Der Himmel im Bildhintergrund ist graublau.

Insgesamt wirkt das Bild sehr idyllisch. Die dargestellte Szene vermittelt eine friedliche, harmonische Stimmung.

Seite 16

Vorgänge beschreiben – Chinesische Frühlingsrollen

Eine Vorgangsbeschreibung formulieren

1 **Mögliche Lösung:**

A Für die Zubereitung von chinesischen Frühlingsrollen benötigt man tiefgekühlte Frühlingsrollenblätter, Möhren, Kohl, Sprossen, Shrimps, Mais, ein Ei, Öl und süß-saure Soße.

B Zuerst taut man die Teigblätter auf und schneidet die Möhren und den Kohl in dünne Streifen. Dann verquirlt man ein Ei in einer Schüssel.

C Anschließend verrührt man alle Zutaten für die Füllung in einer großen Schüssel.

Seite 17

D Nun gibt man die Füllung mit einem Teelöffel auf das Teigblatt.

E Dann wickelt man das Teigblatt auf, sodass eine Rolle entsteht. Den Teigrand bestreicht man mit dem geschlagenen Ei und verklebt ihn.

F Danach erhitzt man das Öl in einer Pfanne.

G Jetzt werden die Frühlingsrollen von beiden Seiten in dem heißen Öl frittiert und mit einer Bratzange immer wieder vorsichtig gewendet.

H Zum Schluss serviert man die heißen Frühlingsrollen mit der süß-sauren Soße.

Seite 18

Eine Vorgangsbeschreibung überarbeiten

1 a Auffällig sind Wiederholungen des Wortes *dann*. Es fehlen Wörter, die die Reihenfolge der Schritte verdeutlichen. Außerdem wurde immer wieder die *man*-Form verwendet und nicht zwischen Aktiv- und Passivformen gewechselt. Dadurch wirkt der Text eintönig.

b **So bereitet man chinesische Frühlingsrollen zu**

Für die Zubereitung von chinesischen Frühlingsrollen verwendet man tiefgekühlte Frühlingsrollenblätter aus dem Supermarkt und für die Füllung Möhren, Kohl, Sprossen, Shrimps und Mais. Außerdem benötigt man ein Ei, Öl und süß-saure Soße.

Man taut die Teigblätter auf und schneidet die Möhren und den Kohl in dünne Streifen. Das Ei verquirlt man in einer kleinen Schüssel. Dann verrührt man die Möhrenstreifen, Kohlstreifen, Sprossen, Shrimps und den Mais für die Füllung in einer Schüssel. Dann legt man immer ein aufgetautes Teigblatt auf einen Teller und gibt ein bis zwei Teelöffel der Füllung darauf. Dann wickelt man das Teigblatt auf und verklebt den Rand mit dem geschlagenen Ei, damit die Rolle hält und beim Braten nicht aufgeht. Dann erhitzt man Öl in der Pfanne. Dann frittiert man die Frühlingsrollen in dem heißen Öl und wendet sie dabei vorsichtig mit der Bratzange. Die Rollen müssen im Öl schwimmend garen. Wenn die Rollen goldbraun sind, nimmt man sie mit der Bratzange aus der Pfanne.

Dann serviert man die Frühlingsrollen zusammen mit der süß-sauren Soße. Guten Appetit!

2 **Mögliche Lösung:** Für die Zubereitung von chinesischen Frühlingsrollen verwendet man tiefgekühlte Frühlingsrollenblätter aus dem Supermarkt und für die Füllung Möhren, Kohl, Sprossen, Shrimps und Mais. Außerdem benötigt man ein Ei, Öl und süß-saure Soße.

Als Erstes taut man die Teigblätter auf und schneidet die Möhren und den Kohl in dünne Streifen. Dann verquirlt man das Ei

in einer kleinen Schüssel. Anschließend verrührt man die Möhrenstreifen, Kohlstreifen, Sprossen, Shrimps und den Mais für die Füllung in einer Schüssel. Nun legt man immer ein aufgetautes Teigblatt auf einen Teller und gibt ein bis zwei Teelöffel der Füllung darauf. Danach wickelt man das Teigblatt auf und verklebt den Rand mit dem geschlagenen Ei, damit die Rolle hält und beim Braten nicht aufgeht. Nachdem man Öl in der Pfanne erhitzt hat, frittiert man die Frühlingsrollen in dem heißen Öl und wendet sie dabei vorsichtig mit der Bratzange. Die Rollen müssen im Öl schwimmend garen. Wenn die Rollen goldbraun sind, nimmt man sie mit der Bratzange aus der Pfanne.
Schließlich serviert man die Frühlingsrollen zusammen mit der süß-sauren Soße. Guten Appetit!

3 a werden benötigt, werden verrührt, werden frittiert, werden gewendet
b **Mögliche Lösung:**
So bereitet man chinesische Frühlingsrollen zu
Für die Zubereitung von chinesischen Frühlingsrollen verwendet man tiefgekühlte Frühlingsrollenblätter aus dem Supermarkt und für die Füllung Möhren, Kohl, Sprossen, Shrimps und Mais. Außerdem werden ein Ei, Öl und süß-saure Soße benötigt.
Als Erstes taut man die Teigblätter auf und schneidet die Möhren und den Kohl in dünne Streifen. Dann verquirlt man das Ei in einer kleinen Schüssel. Anschließend werden die Möhrenstreifen, Kohlstreifen, Sprossen, Shrimps und der Mais für die Füllung in einer Schüssel verrührt. Nun legt man immer ein aufgetautes Teigblatt auf einen Teller und gibt ein bis zwei Teelöffel der Füllung darauf. Danach wickelt man das Teigblatt auf und verklebt den Rand mit dem geschlagenen Ei, damit die Rolle hält und beim Braten nicht aufgeht. Nachdem man Öl in der Pfanne erhitzt hat, werden die Frühlingsrollen in dem heißen Öl frittiert und dabei vorsichtig mit der Bratzange gewendet. Die Rollen müssen im Öl schwimmend garen. Wenn die Rollen goldbraun sind, nimmt man sie mit der Bratzange aus der Pfanne.
Schließlich serviert man die Frühlingsrollen zusammen mit der süß-sauren Soße. Guten Appetit!

Seite 20

Argumentieren – Meiner Meinung nach ...

Einen Leserbrief schreiben

2 a (Meinung, Argument, Beispiel)
Frisch rasiert und wohlgekleidet steht Robert M. vor einer Klasse von Siebtklässlern. Auf dem Stundenplan steht das Unterrichtsfach „Benehmen". Der Lehrer ist der Meinung, dass Verhaltensweisen wie Höflichkeit, Pünktlichkeit oder gute Manieren im Schulalltag häufig zu kurz kommen oder viel zu wenig von den Schülerinnen und Schülern beachtet werden. Deshalb sollten sie Thema des Unterrichts sein.
Sicherlich können persönliche Vorstellungen von gutem Benehmen nicht allen gleichermaßen übergestülpt werden. Aber darüber zu diskutieren, was zu gutem Benehmen gehört, und sich Anregungen zu holen, ist nach Meinung des Deutschlehrers dringend erforderlich.
Der junge Lehrer weist darauf hin, dass viele Eltern den Wunsch äußerten, Schülerinnen und Schüler sollten in der Schule gute Manieren lernen. Ihr Verhalten könnte mit Kopfnoten auf dem Zeugnis bewertet werden.
Dieses Thema hat seine Berechtigung im Schulunterricht, weil von Seiten der Industrie immer häufiger beklagt wird, dass es Bewerbern an wichtigen Voraussetzungen für eine Berufsausbildung fehlt. Hierzu zählen nicht nur bestimmte Kenntnisse und Teamfähigkeit, sondern auch Pünktlichkeit, Disziplin, das Grüßen oder ein gepflegter Sprachgebrauch. Robert M. berichtet beispielsweise von seinem Schüler Sebastian, der ständig seine Kappe auf dem Kopf trägt und Kaugummi kaut. Bei einem Bewerbungsgespräch könnten das Gründe für eine Ablehnung sein. Ein weiteres Beispiel sei seine Schülerin Anja, die als Hobbys Telefonieren und Chatten angibt und ständig „voll krass" in ihren Sätzen benutzt.
b zustimmende Aussage: C; Aussagen dagegen: A, B, D

3 a Streitfrage: Soll in der Schule gutes Benehmen ein Unterrichtsthema sein?
b

Argumente FÜR Benimm-Unterricht	Argumente GEGEN Benimm-Unterricht
• gute Manieren kommen im Schulalltag zu kurz • Eltern wünschen, dass Schüler gutes Benehmen in der Schule lernen • Industrie erwartet von Bewerbern Pünktlichkeit, Disziplin, höfliches Grüßen, gepflegten Sprachgebrauch • gutes Benehmen schadet niemandem • man lernt etwas Sinnvolles für das Leben • Diskussionen regen dazu an, über gutes Benehmen nachzudenken	• gutes Benehmen lernt man zu Hause von den Eltern • man kann eigene Vorstellungen von gutem Benehmen nicht allen überstülpen • man verschwendet damit wertvolle Unterrichtszeit

4 a ... denn zu Hause höre ich schon oft genug, wie ich mich zu benehmen habe.
b **Mögliche Beispiele:**
- Beispielsweise sagt meine Mutter ständig, ich solle beim Essen die Kappe abnehmen.
- Beispielsweise verbieten meine Eltern mir, beim gemeinsamen Abendbrot mit dem Handy zu spielen.
- Beispielsweise ermahnen mich meine Eltern, wenn ich ihnen beim Sprechen nicht in die Augen schaue.
- Beispielsweise achtet mein Vater immer darauf, dass ich pünktlich um 20 Uhr zu Hause bin.

Seite 21

5 a, b, c, d

	Ich finde Benimm-Unterricht in der Schule sinnvoll.	Ich finde Benimm-Unterricht in der Schule überflüssig.
Argumente	(1) gutes Benehmen hat bisher noch niemandem geschadet (2) Arbeitgeber achten verstärkt auf freundliche und höfliche Umgangsformen	(1) Einüben guter Manieren ist Aufgabe der Eltern (2) wertvolle Unterrichtszeit soll ausschließlich zur Vermittlung von Lernstoff genutzt werden, damit Schüler später im Wettbewerb auf dem Arbeitsmarkt bestmögliche Chancen haben
Beispiele	(1) man nimmt mich als höflichen Mitmenschen wahr, wenn ich jemandem meinen Sitzplatz im Bus anbiete oder jemandem die Tür am Kaufhaus aufhalte, dann sind die anderen ebenfalls freundlich zu mir (2) im Praktikum oder in der Ausbildung wird geschätzt, wenn man die Kollegen ausreden lässt und ihnen nicht ins Wort fällt	(1) zu Hause gibt es genügend Gelegenheiten, beispielsweise beim gemeinsamen Essen oder beim Besuch von Verwandten, bei denen Eltern einem gutes Benehmen beibringen können (2) bei der Lösung von wichtigen Problemen am Arbeitsplatz ist es wichtiger, echte Sachkenntnis zu haben als zu entscheiden, ob man dabei Kaugummi kaut oder eine Kappe trägt
Einwand und Entkräftung	Sicherlich kann man einwenden, dass wertvolle Lernzeit verloren geht. Allerdings kann in jeder Unterrichtsstunde – auch bei der Vermittlung von Sachwissen – auf einen höflichen Umgangston im Gespräch geachtet werden.	Sicherlich kann man einwenden, dass gutes Benehmen von vielen Arbeitgebern beispielsweise bei Einstellungsgesprächen beachtet wird. Allerdings bin ich davon überzeugt, dass gutes Sachwissen für die Einstellung wichtiger ist.

6 **Mögliche Lösungen:**

PRO	KONTRA
Sehr geehrte Redaktion, mit großem Interesse las ich in Ihrer Zeitung den Artikel *Keine Manieren! „Gutes Benehmen“ als Unterrichtsfach.* In diesem Artikel vertritt der Lehrer Robert M. die Meinung, dass gutes Benehmen ein Unterrichtsthema in der Schule sein sollte. Ich vertrete den gleichen Standpunkt, denn gutes Benehmen hat bisher noch niemandem geschadet. So nimmt man mich beispielsweise als höflichen Mitmenschen wahr, wenn ich jemandem meinen Sitzplatz im Bus anbiete oder jemandem die Tür am Kaufhaus aufhalte. Wenn ich mich so verhalte, sind die anderen Leute ebenfalls freundlich zu mir. Außerdem achten auch viele Arbeitgeber verstärkt auf freundliche und höfliche Umgangsformen. Beispielsweise wurde mir beim letzten Praktikum im Baumarkt beigebracht, den Kunden ausreden zu lassen und ihm nicht ins Wort zu fallen. Sicherlich stimmt es, dass wertvolle Lernzeit verloren geht. Allerdings kann in jeder Unterrichtsstunde – auch bei der Vermittlung von Sachwissen – auf einen höflichen Umgangston im Gespräch geachtet werden. Abschließend möchte ich noch einmal betonen, dass dieses Thema wichtig ist und ich es gut finden würde, wenn man in meiner Schule Benimm-Unterricht einführen würde. Mit besten Grüßen Luis Schmitz, Friesdorf	Sehr geehrte Redaktion, mit großem Interesse las ich in Ihrer Zeitung den Artikel *Keine Manieren! „Gutes Benehmen“ als Unterrichtsfach.* In diesem Artikel vertritt der Lehrer Robert M. die Meinung, dass gutes Benehmen ein Unterrichtsthema in der Schule sein sollte. Ich widerspreche dieser Meinung, denn das Einüben guter Manieren ist die Aufgabe der Eltern. Zu Hause gibt es genügend Gelegenheiten, beispielsweise beim gemeinsamen Essen oder beim Besuch von Verwandten, bei denen Eltern ihren Kindern gutes Benehmen beibringen können. Die wertvolle Unterrichtszeit soll zur Vermittlung von Lernstoff genutzt werden, damit die Schüler später im Wettbewerb auf dem Arbeitsmarkt die bestmöglichen Chancen haben. So ist es bei der Lösung von wichtigen Problemen am Arbeitsplatz beispielsweise wichtiger, gute Sachkenntnisse zu haben als zu entscheiden, ob man dabei Kaugummi kaut oder eine Kappe trägt. Sicherlich kann man einwenden, dass gutes Benehmen von vielen Arbeitgebern beispielsweise bei Einstellungsgesprächen beachtet wird. Allerdings bin ich davon überzeugt, dass gutes Sachwissen für die Einstellung wichtiger ist. Abschließend möchte ich noch einmal betonen, dass meiner Meinung nach gutes Benehmen zu Hause gelernt werden muss. Mit besten Grüßen Luisa Schmitz, Friesdorf

Seite 23

Kompromisse formulieren

1 **Mögliche Lösung:**
In der Abbildung stehen die äußeren Einzelfiguren mit Würfel und Kugel für gegensätzliche Positionen. Das Paar in der Mitte steht mit dem Zylinder für die Einigung, die sie gefunden haben.

2 Folgende Formulierungen leiten einen Kompromiss ein: C, D, G.

3 **Mögliche Lösung:**
- Eine Lösung könnte sein, dass Höflichkeitsregeln in der Schule ausgehängt werden.
- Man könnte sich vielleicht darauf einigen, dass eine Projektwoche zum Thema „Benehmen" durchgeführt wird.
- Folgender Mittelweg wäre denkbar: Personalchefs werden einmal pro Schuljahr in die Schule eingeladen und diskutieren mit Eltern, Schülern und Lehrern über das Thema „Richtiges Benehmen".

Lesen – Umgang mit Texten und Medien

Seite 24

Reportagen und Grafiken lesen – In der Mongolei

Eine Reportage untersuchen

1 **Mögliche Lösung:**
Vermutlich geht es in der Reportage um die Reise eines Jungen mit einer Gruppe von Männern und um deren Goldfund.

Seite 25

2 a C

3 A 2; B 4; C 1; D 5; E 6; F 3

Seite 26

4 **Mögliche Lösung:**

Zeilenangaben	Zwischenüberschrift
Z. 1–8	Rentier Moksagar ist verschwunden
Z. 9–20	Bedeutung der Rentiere für die Tsaatan in der Nordmongolei
Z. 21–37	Horik passt auf die Rentiere auf
Z. 38–51	Nebel und Schnee erschweren die Reise
Z. 52–61	Das Tal der Ahnen – Ziel erreicht
Z. 62–70	Erfolgreiche Suche nach Gold
Z. 71–75	Ungewisse Zukunft

5 a, b
A kleines mongolisches Bergvolk, Name bedeutet „Rentier", 44 Nomadenfamilien, leben in abgelegenen Wäldern der Nordmongolei von der Rentierzucht, brauchen zusätzliche Einnahmequelle, glauben, dass im Tal der Ahnen Seelen von verstorbenen Schamanen wohnen
B Rentiere seit Jahrtausenden wertvoll für die Tsaatan, geben Felle und Milch, tragen Lasten und Proviant, Geweihe werden verkauft, Rentierherde ist durch Krankheit geschrumpft
C muss auf die Rentiere aufpassen, pflegt die Tiere während der Reise, führt die Tiere im Treck

6 **Mögliche Lösung:** In der Reportage „Horiks Reise ins Tal des Goldes" von Hamid Sardar geht es um den 14-jährigen Nomadenjungen Horik, der die Männer seines Stammes auf Goldsuche begleitet und sich um die Rentiere kümmert.
Im ersten Textabschnitt liest man, dass Horik sein Lieblingsrentier aufgrund starken Nebels aus den Augen verloren hat und nun befürchtet, dass dem Tier etwas zugestoßen ist. Anschließend wird berichtet, dass Rentiere für das Bergvolk der Tsaatan in der Mongolei eine wichtige Bedeutung haben, da das Volk von der Rentierzucht lebt.
Im dritten Abschnitt erfährt man, dass das Nomadenvolk Rentiere aufgrund einer Krankheit verloren hat und nun auf eine weitere Einnahmequelle angewiesen ist. Das ist der Grund dafür, dass die Männer des Stammes aufbrechen, um nach Gold zu suchen.
Im vierten Abschnitt wird geschildert, wie Schnee und Nebel die Reise erschweren. Horik kann seine Rentiere nicht mehr sehen, findet sein Lieblingsrentier aber schließlich doch wieder. Die Männer erreichen das Ziel ihrer Reise, das Tal der Ahnen. Schließlich wird die schwere aber erfolgreiche Suche nach Gold geschildert. Der letzte Abschnitt deutet an, dass die Zukunft für Horik und die Männer ungewiss ist.

Seite 27

7 a **Mögliche Lösung:** Der erste Abschnitt der Reportage unterscheidet sich von einem Bericht, denn die Gefühle des Jungen werden genau beschrieben. Der Abschnitt enthält auch wörtliche Rede.

b A, C

8 a **Schildernde Textstellen:** Z. 1–8, Z. 39–51, Z. 69–70
b **Mögliche Lösung:**

Stilmittel	Textbeispiel mit Zeilenangabe
A	„Horik kann kaum weiter als drei Meter sehen." (Z. 42)
B	„Horik schaut sich hilflos um. Nicht auszudenken, wenn dem Hirsch etwas zugestoßen ist!" (Z. 7–8)
C	„Moksagar, Moksagar!" (Z. 5)
D	„Sie stemmen einen Felsbrocken zur Seite und durchwühlen den Schlamm darunter." (Z. 66–68)
E	„Die Gebirgspfade verschwinden unter einer weißen Decke." (Z. 39–40)

Seite 28

Ein Diagramm auswerten

1 a Säulendiagramm, Kurvendiagramm
b A Ulan Bator; B die Menge der Niederschläge; C Temperaturen eines Jahres; D Millimetern / Grad (°C);
E Juni, Juli, August; F Januar, Dezember; G Juni, Juli, August / es regnet auch am häufigsten

Seite 29

Ein Schaubild anfertigen

1 a **Ortsangaben:** Ulan Bator, Baga Gadsryn Tschuluu, Südgobi, Altai-Gebirge, Yolyn Am, Oase Bayanzak, Ongital, Ongiin-Khiid, Khan-Gebirge, Elsen-Tasarkhai, Mongol Els, Karakorum, Orchontal, Hustai Nuruu, Ulan Bator
Reisemittel: Flugzeug, Jeep, wandern, Kamele
Unterkunftsarten: Hotel, Jurten-Camp

b

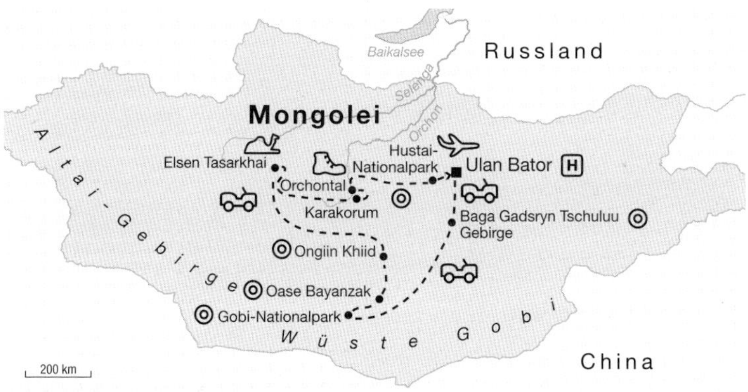

Seite 30

Kalendergeschichten untersuchen – Pfiffige Typen

1 A Herr Balaban, Freund von Herrn Balaban, der ihm die Hammelkeule schenkt, Freunde von Herrn Balabans Freund, Freunde der Freunde von Herrn Balabans Freund, Freunde der Freunde der Freunde von Herrn Balabans Freund
B alle bitten um Reste, Suppe reicht nicht
C Herr Balaban serviert heißes Wasser

Seite 31

2 a Alle Aussagen A–E treffen zu.
b **Mögliche Lösungen:**
- **Zu Aussage C:** Herr Balaban und sein Freund sind einfache Menschen, die Freunde des Freundes sind vermutlich ebenfalls nicht reich.
- **Zu Aussage E:** Die Geschichte beschreibt die Gastfreundschaft von Herrn Balaban und die Großzügigkeit seines Freundes. Gleichzeitig wird vorgeführt, wie diese guten Eigenschaften ausgenutzt werden von den angeblichen Freunden.

3 a Zeilen 24–34
b Als Leser(in) erwartet man an dieser Stelle, dass Herr Balaban auch diese Gäste bewirtet und ihnen etwas Suppe anbietet. Aber Herr Balaban serviert den Freunden der Freunde der Freunde seines Freundes nur heißes Wasser.

4 In der Geschichte wird deutlich, dass die Stärke von Herrn Balaban seine Klugheit ist. Er lässt sich nicht ausnutzen. Die Gäste, die sich als Freunde der Freunde von Freunden ausgeben, haben die folgende Schwäche: Sie wollen die Gastfreundschaft von Herrn Balaban ausnutzen und täuschen dafür Freundschaft vor.

5 C

Seite 32

Eine Kalendergeschichte in alter Sprache verstehen

1 a A 3; B 4; C 5; D 1; E 2

b Ei, Hans (Z. 3); Herr Wilhelm (Z. 5); Euer (Z. 5); Euch (Z. 5); Ihres/Ihre (Z. 15, 20)

c **Mögliche Lösung:**

A „Hallo Hans, wo kommst du denn her?" B „Weil das Wasserholen für sie zu anstrengend war."

C „So ein Funke verbreitet sich schnell."

Seite 33

2 1) Herrn Wilhelms Schwester bekommt ein uneheliches Kind.
2) Herrn Wilhelms Vater stirbt aus Ärger und Scham darüber.
3) Die Beerdigung des Vaters erfolgt in der Nacht.
4) Bei der Beerdigung löst ein Funke ein Feuer aus. Haus und Hof brennen ab.
5) Um das Feuer zu löschen, holen die Pferde viele Eimer Wasser.
6) Die Löschaktion ist so anstrengend, dass die Pferde sterben.
7) Das Aas der toten Pferde frisst der Rabe.
8) Der schöne Rabe des Herrn Wilhelm stirbt ebenfalls. Der Knecht reist zu Herrn Wilhelm nach Paris, um ihn zu informieren.

3 **Mögliche Lösung:** Die Geschichte ist sehr unterhaltsam, weil sie von hinten nach vorn erzählt wird. Herr Wilhelm denkt jedes Mal, dass der Knecht ihm nur von einem unglücklichen Vorfall erzählt. Aber dann erfährt er, dass es zuvor immer noch ein schlimmeres Ereignis gegeben hat.

Seite 34

Eine Inhaltsangabe schreiben

1 Die Kalendergeschichte erzählt von der glücklichen Rettung eines sprechenden Vogels aus dem Ort Segringen.

Seite 35

2

WANN?	WO?	WER?
in der Vergangenheit, bei schönem Wetter	in dem Ort Segringen	Friseur, Star, Lehrjunge, Vogelfänger
WAS?		
1) Star lernt im Friseursalon Wörter und Redensarten 2) Star fliegt durchs offene Fenster davon 3) Star schließt sich anderen Vögeln an, fliegt mit Vogelschar ins Fangnetz 4) Vogelfänger tötet Vögel im Netz 5) Vogelfänger bemerkt den Star 6) Star spricht zu Vogelfänger 7) Vogelfänger bringt Star zurück zum Friseur und erhält Belohnung		

3 a Z. 5–6, 8–10, 17, 18, 21–22, 33–34, 38–40, 41

b A Der Star denkt, er habe jetzt schon so viel gelernt, dass er die Welt erkunden könne.

B Der Vogel schreit, er sei der Friseur von Segringen. C Der Vogelfänger fragt den Star, wie er in sein Fangnetz komme.

Seite 36

4 **Mögliche Lösung:** Die Kalendergeschichte „Der Star von Segringen" von Johann Peter Hebel stammt aus dem Jahr 1805 und erzählt von der glücklichen Rettung eines sprechenden Vogels.

5 **Mögliche Lösung:** Der Star Hansel lebt im Friseursalon und lernt dort verschiedene Wörter und Redensarten, die er immer wieder aufsagt. Eines Tages denkt er, er habe schon so viel gelernt, dass er die Welt erkunden könne. Er fliegt weg und trifft auf eine Vogelschar. Mit ihr gerät er in das Fangnetz des Vogelfängers. Dieser tötet alle Vögel und bemerkt schließlich den Star. Der schreit, er sei der Friseur von Segringen. Daraufhin fragt der Vogelfänger ihn, wie er in sein Fangnetz komme, und bringt ihn dem Friseur zurück.

6 a Z. 44–47

b Die Kalendergeschichte soll junge Leute davor warnen, sich Abenteurern anzuschließen und dadurch in Gefahr zu geraten.

Seite 38

Eine Ballade untersuchen und vortragen – Die Lorelei

1 Die Ballade „Die Lorelei" handelt von einem Schiffer, der mit seinem Schiff auf dem Rhein verunglückt, weil er auf die schöne Lorelei schaut, ihr Lied hört und dabei nicht auf die gefährlichen Felsen im Fluss achtet.

2 Die Ballade besteht aus **sechs** Strophen mit jeweils **vier** Versen. Als Reimform ist ein **Kreuzreim** erkennbar. Wörter wie **ruhig (Vers 6), Abendsonnenschein (Vers 8)** und **wunderbar (Vers 10)** erzeugen eine **friedliche** Grundstimmung. Die letzte Strophe enthält das folgende sprachliche Bild: **„Die Wellen verschlingen am Ende Schiffer und Kahn" (Vers 21–22)**. Es bedeutet, dass **das Schiff am Ende untergeht**. Bei diesem sprachlichen Bild handelt es sich um eine **Personifikation**, denn **die Wellen** verhalten sich wie ein Mensch. Durch die Verwendung dieses Bildes wirkt die Textstelle **lebendig und spannend**.

3 a, b **Mögliche Lösung:**

Heinrich Heine **Die Lorelei** (1824)

Ich weiß nicht, was soll es bedeuten, I — *fragend, nachdenklich*
Dass ich so traurig bin; ↘ II — *unglücklich*
Ein Märchen aus alten Zeiten, ↗
Das kommt mir nicht aus dem Sinn.

Die Luft ist kühl und es dunkelt, — *ruhig, langsam*
Und ruhig fließt der Rhein;↘ II
Der Gipfel des Berges funkelt — *regelmäßig*
Im Abendsonnenschein.↘

Die schönste Jungfrau sitzet
Dort oben wunderbar,↘ II — *stolz*
Ihr goldnes Geschmeide blitzet,
Sie kämmt ihr goldenes Haar.

Sie kämmt es mit goldenem Kamme ↗ — *ruhig,*
Und singt ein Lied dabei; ↗ II — *gespannt,*
Das hat eine wundersame, — *besonders*
Gewaltige Melodei. ↘ — *betonen*

Den Schiffer im kleinen Schiffe
Ergreift es mit wildem Weh; ↗
Er schaut nicht die Felsenriffe, ↗
Er schaut nur hinauf in die Höh'. ↗ — *entsetzt, verzweifelt*

Ich glaube, die Wellen verschlingen
Am Ende Schiffer und Kahn; I — *erschrocken,*
Und das hat mit ihrem Singen
Die Lorelei getan.↘ — *traurig*

4 **Mögliche Lösung:** Loreleifelsen bekannter Felsen am Rhein, gefährliche Stelle für die Schifffahrt, Ort häufiger Schiffsunglücke

Grammatik

Seite 39

Was kann ich schon? – Wortarten, Zeitformen, Sätze

1 a, b, c (Personalpronomen, Demonstrativpronomen, Possessivpronomen)

Island – Insel zwischen Feuer und Eis

Es ist weniger als 20 Millionen Jahre her, dass Vulkane im tiefen Atlantik Lava zu spucken begannen. Sie legten das Fundament für die Insel Island, die später von Eismassen überzogen wurde. Diese schmolzen im Laufe der Zeit ab und legten die Küstenbereiche frei. Da die Insel auf zwei auseinanderstrebenden Erdplatten liegt, strömt immer wieder Magma nach oben und verleiht ihr ihren besonderen Charakter: Hier steigt Schwefel empor, dort brodelt Wasser und da zittert die Erde.

2 a, b

Die Oberfläche Islands wurde von **(D) den Gletschern** geformt. Auch heute noch besteht ein Teil der Oberfläche aus **(D) gewaltigen Eismassen**. Unterhalb **(G) der Gletscher** brodelt es jedoch aufgrund **(G) der auseinanderdriftenden Platten**. Durch **(A) die Bewegungen** der Platten strömt immer wieder heißes Magma an **(A) die Oberfläche** und die Gletscher schmelzen. Wegen **(G) des Schmelzwassers** kommt es zu Überschwemmungen.

c **Mögliche Lösung:** Wegen des Schmelzwassers kommt es zu gefährlichen Überschwemmungen.

Seite 40

3 Die Küstenstraße wird von einer Flutwelle aus Schmelzwasser zerstört.

4 Island **liegt** am äußersten nordwestlichen Rand Europas und **gilt** als die größte Vulkaninsel der Welt. Lange Zeit **vermutete** man, dass Wikinger die Insel als Erste **bewohnt hatten**. Heute **weiß** man, dass irische Mönche als erste Menschen auf Island **landeten** und die Abgeschiedenheit **genossen**. Nachdem die ersten Wikinger die Insel **erreicht hatten**, **verließen** die Mönche jedoch den Ort.

5 a, b

Irische Mönche	landeten	vor vielen Jahrhunderten	mit einfachen Booten	an der Küste Islands.
S	P	adv. Best. Zeit	adv. Best. Art+Weise	adv. Best. Ort

6 A Als die ersten Wikinger auftauchten, verließen die irischen Mönche Island.
B Im Jahr 864 besiedelten Wikinger die Insel, die von ihnen „Eisland" genannt wurde.

Seite 41

Wortarten unterscheiden – Feuerplanet Erde

Nomen und deren Kasus erkennen

1 a, b, c
Die Erde war eine Gluthölle, als sie vor unzähligen Jahren entstand. Ganz langsam kühlten dann die heißen Gesteinskörper ab und bildeten eine dünne Erdkruste. Diese wird seit Urzeiten immer wieder durch ✘ das Aufsteigen von heißem Magma aufgebrochen. Auch heute noch ist die Erde ein Feuerplanet.

2 a, b (Nominativ, Genitiv, Dativ, Akkusativ)
Die frühen Menschen mussten mit der Urgewalt **des Feuers** leben. Buschbrände, bei denen Bäume und Sträucher **dem Feuer** zum Opfer fielen, waren nichts Ungewöhnliches. Aber nach jedem Brand entstand neues Leben, und die Asche verbrannter Gräser und Bäume diente als Dünger. Somit sorgte **das Feuer** auch für Erneuerung in der Natur. Im Laufe der Zeit nutzten die Menschen **das Feuer** immer mehr für ihre Zwecke, z. B. zur Jagd oder zur Zubereitung von Speisen, die dadurch schmackhafter und bekömmlicher wurden.

3 **Mögliche Lösungen:**
Text 1: Der Feuerplanet „Erde" Text 2: Gefahr und Nutzen des Feuers

Seite 42

Mit Pronomen Nomen und Wortgruppen ersetzen

1 a, b (Personalpronomen, Demonstrativpronomen)
A Er kann spucken und ist kein Lama. (der Vulkan)
B Sie kann züngeln und ist keine Schlange. (die Flamme)
C Dieser macht die Nacht taghell. (der Blitz)
D Wenn diese brennt, wird sie immer kleiner. (die Kerze)

2 a, b Zeile 1: den Urzeitmenschen – Dativ – ihnen; Zeile 2: dem Feuer – Dativ – ihm; Zeile 3: die Nahrung – Nominativ – sie; Zeile 5: den Menschen – Dativ – ihnen; Zeile 7: unseren Vorfahren – Dativ – ihnen

Seite 43

3 a, b Im Laufe der Zeit lernten die Menschen, mit Hilfe des Feuers Metall als Werkstoff zu verwenden. Aus **diesem** konnten sie Waffen, Alltagsgegenstände oder Werkzeuge herstellen. Nicht nur das Feuer, sondern auch die Sonne und Blitze beeinflussten die Kulturen der frühen Menschen so, dass **diese** in vielen Religionen auftauchen. Ab dem Mittelalter nutzten die Menschen das Feuer auch, um durch Brandrodung freie Flächen für neue Siedlungen zu schaffen. Einige von **diesen** haben bis heute den Bestandteil *-rode* im Ortsnamen, z. B. Vockerode oder Wernigerode. Später trieb die Energie des Feuers dann die industrielle Entwicklung voran, denn ohne das Feuer gäbe es weder die Dampfmaschine noch die Eisenbahn. Während **diese** den Transport von Gütern erleichterte, veränderte **jene** die Arbeit in den Fabriken.
Heute verlassen wir uns bei der Energieerzeugung immer noch auf Brennstoffe wie Kohle, Öl und Gas. Doch **das** hat seinen Preis: Die Luft wird verschmutzt und der Kohlendioxidgehalt steigt an.

4 A Das Feuer sucht sich **seinen** Weg. B Tiere flüchten in **ihre** Höhlen. C Vögel verlassen **ihre** Nester.
D Die Flammen verändern **ihre** Farbe. E Ein Mensch rettet **seinen** Besitz. F Das Feuer verliert endlich **seine** Kraft.

5 Die große Bedeutung, die das Feuer schon immer für den Menschen hatte, wird in vielen alten Geschichten und Sagen deutlich. Laut einer griechischen Sage soll Prometheus es den Menschen gebracht haben. Und in Erzählungen der neuseeländischen Maori kam es durch einen Diebstahl auf die Erde.
Es spielt auch in vielen Religionen eine wichtige Rolle. Im Hinduismus gilt es als Verkörperung Gottes. Die Bibel erzählt von ihm, wenn Gott den Menschen erscheint, und auch im Islam wird Gott häufig mit ihm identifiziert. In Naturreligionen wird ihm oft eine reinigende Wirkung zugesprochen.

Seite 44

Mit Präpositionen Verhältnisse verdeutlichen

1 b, c, d Ist der Vulkan aktiv, steigt Lava aus **(D) der Magmakammer** durch **(A) den Schlot** und gelangt zu **(D) dem Krater**. Oberhalb **(G) des Kraters** bilden sich dann große Rauchwolken. Durch **(A)** herausgestoßene **Lava- und Ascheschichten** vergrößert sich der Umfang des Vulkans. Unterhalb **(G) des Vulkans** befinden sich verschiedene geologische Gesteinsschichten.

Seite 45

2 a, b, c Auf **(D) der Insel Island** kann man das Innere des Vulkans Thrihnukagigur besichtigen. In **(D) der Magmakammer** befand sich früher glühendes Magma – heute ruht der Vulkan. Eine 40-minütige Wanderung führt die Besucher an **(A) den Rand** des Kraters. Von dort aus werden die Hobbyforscher in **(D) einem Metallkorb** in **(A) den Krater** abgeseilt. Vorsichtig

gleitet der Korb zwischen **(D) den Felswänden** immer tiefer in **(A) das Erdinnere**. Plötzlich verbreitert sich der Krater, und ein riesiger Raum wird sichtbar: die Magmakammer. Sie hat einen Durchmesser von 80 Metern und ist 120 Meter hoch. An **(D) den Wänden** läuft Wasser hinab. Nach einigen Minuten setzt der Metallkorb auf **(D) dem Boden** auf. Die Besucher können nun den eindrucksvollen Raum und die bunt schillernden Felswände bestaunen, bevor es dann wieder zurück an **(A) das Tageslicht** geht.

3 a, b Bereiten Sie sich sorgfältig **auf die Reise** vor! – Sorgen Sie **für einen Rucksack** mit Wasser, Proviant und Notapotheke! – Warnen Sie Ihre Gruppe **vor rutschigen Stellen**! – Warten Sie **auf die Anweisungen** Ihres Reiseführers! – Denken Sie **an angemessene Kleidung**! – Passen Sie **auf die anderen Mitreisenden** auf! – Freuen Sie sich **auf eine spannende Reise** ins Erdinnere!

Seite 46

Mit Adjektiven anschaulich formulieren

1 a, b

A Durch seinen **dicken** und **widerstandsfähigen** Stamm ist der australische Grasbaum bestens vor Waldbränden geschützt. Nach dem Feuer treibt die Pflanze **lange, grüne** Halme aus und bildet Blüten. Erst durch die Rauchgase öffnen sich die **kleinen** Samenkapseln, die nun auf die **fruchtbare** Erde fallen.

B Auch die Douglasie, eine Tannenart, hat durch ihren Stamm einen **wirksamen** Feuerschutz. Schon kurz nach dem Brand wachsen **neue, hellgrüne** Zweige.

C Die **winzige, scheue** Waldmaus findet während des Brands in einem Erdloch Schutz vor den **gierigen** Flammen und der **unvorstellbaren** Hitze. Nach dem Brand kriecht sie bald wieder heraus.

2 **Mögliche Lösung:** aufgrund des giftigen Rauchs, während der gefährlichen Löschaktion, durch die furchtbare Hitze, nach dem zerstörerischen Brand

Seite 47

Verben verwenden

1 Die meisten Asteroiden **fliegen** glücklicherweise an der Erde vorbei. Manchmal kommt es allerdings vor, dass doch einmal einer unseren Planeten **ansteuert**, in die Atmosphäre **eintritt** und schließlich auf der Erdoberfläche **einschlägt**. Dann nennen die Wissenschaftler den Himmelskörper „Meteorit", was vom griechischen Wort „meteoros" kommt und „in der Luft schwebend" **bedeutet**. Asteroiden **fliegen** aber nicht planlos durch das All – die meisten dieser Mini-Planeten **befinden sich** zwischen Mars und Jupiter. Dort **bilden** sie den sogenannten Asteroiden-Gürtel, eine Art kosmische Schutthalde, die ständig um die Sonne **kreist**. Hin und wieder kommt es aber vor, dass einzelne Brocken aus ihrer Umlaufbahn geworfen werden. Einige dieser Ausreißer **geraten** dann auf Kollisionskurs mit der Erde. Aber zum Glück **treffen** sie nicht sehr oft – und fliegen vorbei.

2 a **Mögliche Lösung:** flattern, sausen, gleiten, schwirren, wirbeln, schweben
b **Mögliche Lösung:** ich flattere, du flatterst, er/sie/es flattert, wir flattern, ihr flattert, sie flattern;
ich gleite, du gleitest, er/sie/es gleitet, wir gleiten, ihr gleitet, sie gleiten

Seite 48

Mit Adverbien genaue Angaben machen

1 a, b (Adverb des Ortes, Adverb der Zeit, Adverb der Art und Weise)
Zu Silvester wird das vergangene Jahr verabschiedet und das neue begrüßt. In vielen Ländern werden **dann** Raketen gezündet oder Knallfrösche geworfen – Hauptsache, es macht viel Lärm. Wenn eine Rakete am Himmel explodiert, leuchten **nacheinander** verschiedene Farben auf, die durch Chemikalien am Raketenkopf zustande kommen. Als Ursprungsland des Feuerwerks gilt das alte China. Bambusrohre, die mit einer Mischung aus Salpeter, Holzkohle und Schwefel gefüllt waren, huschten **damals** zischend über den Boden. Viele Machthaber nutzten das Feuerwerk, um besondere Ereignisse zu feiern – was nicht **immer** gelang. Als der englische König Georg II. 1749 einen Friedensschluss feiern wollte, musste er sein Volk **leider** enttäuschen. Die Knaller explodierten **vorher** und die Zuschauer lachten ihn aus. In Japan heißen Feuerwerke *Hanabi* – auf Deutsch: Feuerblumen. Die Ausbildung zum Feuerwerker dauert **dort** zehn Jahre, weil das Spiel mit dem Feuer alles andere als ein Kinderspiel ist: Bis zu 400 Kilogramm schwere Kugelbomben werden **dabei** abgeschossen, die bei der Explosion farbenprächtige Bilder wie Blumen oder Wasserfälle an den Himmel zeichnen.

2 **Mögliche Lösung:**
Leider kann es Silvester nur einmal im Jahr geben.
Dann zündet sogar meine Schwester einen Knallfrosch.
Feuerwerk ist immer eine laute Angelegenheit.
Raketen und Wunderkerzen waren damals billiger.
Die Knallfrösche explodieren nacheinander mit einem lauten Geräusch.

Seite 49

Wörter bilden und verstehen

1 a, b (Grundwort, Bestimmungswort)
A Ein Mann, der für die Feuerwehr arbeitet, ist ein Feuerwehrmann.
B Ein Ball, der aus Feuer besteht, ist ein Feuerball.
C Ein Feuer, das im Busch ausbricht, ist ein Buschfeuer.
D Eine Leiter, über die man bei einem Feuer flüchten kann, ist eine Feuerleiter.
E Ein Feuer, das im Kamin brennt, ist ein Kaminfeuer.

2 a, b Wenn Neuigkeiten sich besonders schnell herumsprechen, sagt man, sie verbreiten sich „wie ein Lauffeuer". Dieses „Lauffeuer", das natürlich nichts mit dem Verb „laufen" zu tun hat, stammt aus dem 17. Jahrhundert. Man bezeichnete damit eine Schießpulverspur, die man zur Fernzündung einer Sprengladung entfachte. Die Redewendung bezieht sich darauf, wie rasend schnell die Pulverspur verbrannte und sich die Flammen ihren Weg bahnten.

3 bestellen, die Bestellung, bestellbar, der Besteller, verstellbar, die Verstellung, die Entstellung
verbrauchen, verbrauchbar, der Verbrauch, der Verbraucher
beschreiben, verschreiben, beschreibbar, der Schreiber, die Schreibung, die Beschreibung, die Verschreibung

Seite 50

Teste dich! – Wortarten

1 A Ein **gefährlicher** Großeinsatz: Feuerwehr bringt Flammen in Fabrik unter Kontrolle
B Hamburg: Neues Kreuzfahrtschiff wird mit einem **bunten** Feuerwerk begrüßt
C Australien: Ein **starker** Wind entfacht Buschbrand
D Wochenend-Workshop für Kinder und Jugendliche: Viele **spannende** Experimente rund ums Feuer
E Brasilien: **Große** Landgewinne durch Brandrodung

2 a, b A Wir sprechen über die Geschichte des Feuers. / Wir sprechen von der Geschichte des Feuers.
B Ich rede über die Entdeckung des Feuers. / Ich rede von der Entdeckung des Feuers.
C Du erzählst über den Ausbruch des Vulkans. / Du erzählst von dem Ausbruch des Vulkans.
D Sie berichtet über die Ausbildung zum Feuerschlucker./Sie berichtet von der Ausbildung zum Feuerschlucker.
E Er fragt nach den Aufgaben der Feuerwehr.
F Ihr wundert euch über die Besonderheiten des Feuers.

3 a, b A Beim Schmieden erwärmt das Feuer Metalle. Sie werden dadurch formbar. (Pers.)
B Das Schmiedehandwerk entstand vor vielen tausend Jahren. Es existiert bis heute. (Pers.)
C Unsere Vorfahren schmiedeten Waffen, Werkzeuge und Schmuck aus Metall. (Poss.)
D Heute stellt man mit diesem Verfahren Bauteile für Maschinen, Flugzeuge oder Schiffe her. (Dem.)

Seite 51

Die Zeitformen des Verbs – Feuerhelden

Gegenwärtiges und Zukünftiges ausdrücken: Präsens und Futur

1 Kein Action-Film ohne Stuntman: Ein Stuntman **ist** immer gefragt, wenn es in einer Filmszene richtig zur Sache **geht**. Das Wort „Stunt" **stammt** aus dem Englischen und **bedeutet** Trick oder Kunststück. Stuntmen **vertreten** viele Filmstars bei gefährlichen Aktionen, so auch bei Szenen mit Feuer. Manchmal **steht** ein Stuntman dabei komplett in Flammen, dennoch **bleibt** er gelassen: Schließlich **brennt** nicht er, sondern eine spezielle Brennpaste. Ihm **passiert** dabei nichts.

2 **Mögliche Lösung:** In dem Film werde ich eine Verfolgungsjagd spielen.
Ich werde aus dem Fenster eines Hochhauses springen.
Ich werde durch ein brennendes Haus rennen.
Für das große Finale werde ich eine Prügelei vortäuschen.

3 **Mögliche Lösung:** Morgen spiele ich in dem Film eine Verfolgungsjagd.
Gleich springe ich aus dem Fenster eines Hochhauses.
Später renne ich durch ein brennendes Haus.
Für das große Finale nächsten Freitag täusche ich eine Prügelei vor.

Seite 52

Vergangenes ausdrücken: Das Perfekt

1 a **Süddeutsche Zeitung:** Herr Joha, Sie sind heute einer der erfolgreichsten Action-Produzenten Europas. Wie hat Ihre Karriere begonnen?
Joha: Als 14-Jähriger sah ich in meiner Heimatstadt Lohr eine Auto-Artistentruppe. Mir war sofort klar, dass ich so etwas

auch machen möchte. Mit 17 Jahren bin ich dann nach England zu den Helldrivers gegangen, da hat meine eigentliche Karriere als Stuntman begonnen. Dort habe ich meinen Beruf von der Pike auf gelernt.

b Als 14-Jähriger habe ich in meiner Heimatstadt Lohr eine Auto-Artistentruppe gesehen. Mir ist sofort klar gewesen, dass ich so etwas auch machen möchte.

2 „Wir **haben** jeden zweiten Tag **gedreht**. Ich **habe** meinen Kollegen bei den Vorbereitungen **geholfen**. Wir **haben** Autos für waghalsige Sprünge **vorbereitet**. Dafür **haben** wir auch die Sprungschanzen **gebaut**. Ich **bin** selbst mit einem Auto über eine Schanze **gesprungen**. Später **sind** wir um die Wette **gefahren** und **haben** ein paar abschließende Tests **durchgeführt**."

3 **Mögliche Lösung:** Die zwei Drehtage sind sehr anstrengend gewesen. Jeden Tag haben wir bis zu zehn Stunden vor der Kamera gestanden. Während eines gefährlichen Sprungs hat sich mein Kollege sogar eine Rippe gebrochen. Wir haben ihn ins Krankenhaus gebracht und haben später bis tief in die Nacht gedreht – ohne ihn.

Seite 53

Vergangenes ausdrücken: Das Präteritum

1 Der amerikanische Feuerwehrmann Paul Neal Adair erlangte 1962 Berühmtheit durch das Löschen einer brennenden Gasquelle in der algerischen Sahara. Adair entwickelte spezielle Feuerbekämpfungsmethoden. Feuer an kaputten Gasleitungen bekämpfte er durch gezielte Sprengstoffexplosionen: Diese Explosionen verbrauchten so viel Sauerstoff, dass die Ölfeuer dadurch erstickten.

2 Als 1962 an einer algerischen Gasquelle ein gewaltiges Feuer **ausbrach**, **bezeichneten** Journalisten die etwa 250 Meter hohe Feuersäule als „Feuerzeug des Teufels". Paul Neal Adair **beeindruckte** das wenig. Langsam, Meter für Meter, **näherte sich** der Feuerwehrmann am 28. Mai 1962 der Feuerquelle mit seiner explosiven Fracht, mehr als 300 Kilogramm Sprengstoff. Schließlich **erreichte** er die richtige Position. Blitzschnell **sprang** er aus dem Bulldozer und **rannte** zum sicheren Unterstand. Dort **drückte** er den Sprenghebel, und das Sprengstoff-Fass **explodierte** in einem Feuerball. Die Explosion **erstickte** die Feuersäule und Paul Neal Adair, den alle wegen seiner roten Haare nur „Red" **nannten**, **wurde** weltberühmt.

3 **Mögliche Lösung:** Woher wussten Sie, welche Menge an Sprengstoff ausreichen würde?
An was dachten Sie während des lebensgefährlichen Manövers? Wie hielten Sie die unglaubliche Hitze aus?

Seite 54

Eine Abfolge in der Vergangenheit zeigen: Das Plusquamperfekt

1 a A Adair löschte die riesige Feuersäule. Die Öffentlichkeit interessierte sich für ihn.
B Hollywood hörte von Adairs Geschichte. Sein Leben wurde verfilmt.
b A Nachdem Adair die riesige Feuersäule gelöscht hatte, interessierte sich die Öffentlichkeit für ihn.
B Nachdem Hollywood von Adairs Geschichte gehört hatte, wurde sein Leben verfilmt.

2 a, b (Vorvergangenheit)
Es **dauerte** nicht lange, bis Hollywood in den 1960er Jahren auf die Geschichte des „Katastrophenkillers", wie einer der Spitznamen von Adair **lautete**, aufmerksam **wurde**. Adairs Leben **hörte sich** in der Tat wie ein Abenteuerfilm **an**: 1951 **floh** er in letzter Minute von einem kolumbianischen Bohrfeld. Die Pfeile feindlicher Indianer **hatten** sich bereits in die Tragfläche seines Flugzeugs **gebohrt**. Als man dann 1968 den Film „Hellfighters" (deutscher Titel: „Die Unerschrockenen") **drehte**, **brachte** Adair sein Fachwissen bei den Dreharbeiten **ein**.

3 **Mögliche Lösung:** Bevor Red Adair durch den Film „Hellfighters" bekannt wurde, war er Einsätze über einem kolumbianischen Bohrfeld geflogen. Er hatte eine brennende Gasquelle gelöscht. Er hatte Hunderte Interviews gegeben. Er hatte über seine waghalsigen Löschversuche berichtet.

Seite 55

Teste dich! – Die Zeitformen des Verbs

1 a A Präsens; B Perfekt; C Präsens; D Plusquamperfekt; E Präteritum
b Verwendung des Präsens zum Ausdruck der Zukunft: A
Verwendung des Präsens zum Ausdruck eines Dauerzustands: C

2 Feuer **bezeichnet** die Flammenbildung bei der Verbrennung. Voraussetzungen für ein Feuer **sind** ein Brennstoff und Sauerstoff. Die Nutzung des Feuers **spielte** seit Beginn der Menschheit eine große Rolle für den Menschen. Auch in der Zukunft **wird** das Feuer das Leben der Menschen weiterhin stark **beeinflussen**.

3 a, b
A Nachdem eine Ölplattform Feuer gefangen hatte, versank sie im Meer.
B Nachdem in Ecuador ein Vulkan ausgebrochen war, siedelte man die Bergdörfer um.
C Die Feuerwehr befreite einen Elch, nachdem sich sein Geweih in einem Baum verhakt hatte.

Seite 56

Aktiv und Passiv – Was Feuer kann

Aktivsätze und Passivsätze unterscheiden

1 a, b (Verbform, Aktivsatz, Passivsatz)
Für den Bau einer chinesischen Feueruhr verwendet man eine längliche Figur, beispielsweise einen Drachen, Räucherstäbchen, neun Fäden mit Bleikugeln am Ende, eine Zinnwanne mit neun Bügeln sowie eine Klangschale. In den Hohlraum der Figur wird die Zinnwanne mit den Bügeln eingebaut. Auf diese Bügel legt man anschließend ein Räucherstäbchen. Über das Räucherstäbchen werden die neun Fäden mit den Bleikugeln gehängt, und die Klangschale wird daruntergestellt. Wenn das Räucherstäbchen angezündet wird, brennen die über ihm hängenden Fäden in bestimmten Abständen durch. Dadurch fallen die Bleikugeln in die darunter stehende Klangschale. Durch jede auftreffende Kugel wird ein Gong ausgelöst.

c
- In den Hohlraum der Figur baut man die Zinnwanne mit den Bügeln ein.
- Die neun Fäden mit den Bleikugeln hängt man über das Räucherstäbchen, und man stellt die Klangschale darunter.
- Wenn man das Räucherstäbchen anzündet, brennen die über ihm hängenden Fäden in bestimmten Abständen durch.
- Jede auftreffende Kugel löst einen Gong aus.

Seite 57

Aktivsätze und Passivsätze bilden

1 a Materialliste: Murmeln, eine dünne, lange Kerze, eine Konservendose, Bindfaden, Teller, Klebeband, (Feuerzeug)

b

Arbeitsschritte	Aktivform mit *man*	Passivform
Materialien zurechtlegen	Man legt die Materialien zurecht.	Die Materialien werden zurechtgelegt.
Kerze ankleben	Man klebt eine Kerze an.	Eine Kerze wird angeklebt.
Murmeln an Fäden binden	Man bindet Murmeln an Fäden.	Murmeln werden an Fäden gebunden.
Abstände an Kerze abmessen	Man misst die Abstände an der Kerze ab.	Die Abstände werden an der Kerze abgemessen.
Fäden an Kerze befestigen	Man befestigt die Fäden an der Kerze.	Die Fäden werden an der Kerze befestigt.
Teller unter Kerze stellen	Man stellt den Teller unter die Kerze.	Der Teller wird unter die Kerze gestellt.
Kerze anzünden	Man zündet die Kerze an.	Die Kerze wird angezündet.

c **Mögliche Lösung:**
Aktiv: Wenn die Kerze abbrennt, fällt in regelmäßigen Abständen eine Murmel auf den Teller.
Passiv: Wenn die Kerze angezündet wird, wird in regelmäßigen Abständen eine Murmel gelöst.

2 a, b **Mögliche Lösung:** (Aktivsatz, Passivsatz)
Zuerst legt man alle benötigten Materialien zurecht. Dann wird die lange, dünne Kerze auf die leere Konservendose geklebt. Nun bindet man die Murmeln an Fäden. Danach misst man (mit Hilfe eines Lineals) bestimmte Abstände an der Kerze ab und markiert sie. An diesen Markierungen werden die Fäden mit den Murmeln befestigt. Schließlich stellt man einen Teller unter die Kerze und zündet sie an. Wenn die Kerze abbrennt, fällt in regelmäßigen Abständen eine Murmel auf den Teller.

Seite 58

Passivformen in unterschiedlichen Zeitformen verwenden

1
A Durch das Schmiedehandwerk wurden viele verschiedene Berufszweige hervorgebracht. (Prät.)
B Im Mittelalter wurden an fast jeder Burg ein Hufschmied und ein Waffenschmied angestellt. (Prät.)
C Den Schmieden wurde damals von der Bevölkerung großes Ansehen entgegengebracht. (Prät.)
D In ihren Werkstätten wurden Pferde beschlagen, Pflüge repariert und Waffen geschmiedet. (Prät.)
E Diese Burgschmieden wurden wegen der Brandgefahr meist in einem eigenen Gebäude untergebracht, manchmal wurden die Schmiedearbeiten aber auch im Freien erledigt. (Prät.)
F Nachdem das Metall von den Handwerkern im Feuer zur Rotglut gebracht worden war (Plus.), wurde es von ihnen mit dem Schmiedehammer auf dem Amboss bearbeitet. (Prät.)
G Auch heute noch wird das Schmiedehandwerk ausgeübt, allerdings werden die Handwerker Metallbauerin oder Metallbauer genannt. (Präs.)

2
A Das Schmiedehandwerk brachte viele verschiedene Berufszweige hervor.
C Die Bevölkerung brachte damals den Schmieden großes Ansehen entgegen.
F Nachdem die Handwerker das Metall im Feuer zur Rotglut gebracht hatten, bearbeiteten sie es mit dem Schmiedehammer auf dem Amboss.

3 B Im Mittelalter stellte man an fast jeder Burg einen Hufschmied und einen Waffenschmied an.
D In ihren Werkstätten beschlugen die Schmiede Pferde, reparierten Pflüge und schmiedeten Waffen.
E Man brachte diese Burgschmieden wegen der Brandgefahr meist in einem eigenen Gebäude unter, manchmal erledigte man die Schmiedearbeiten aber auch im Freien.
G Auch heute noch übt man das Schmiedehandwerk aus, allerdings nennt man die Handwerker Metallbauerin oder Metallbauer.

Seite 59

Teste dich! – Aktiv und Passiv

1 a (Aktivsatz, Passivsatz)
In der Mitte des 18. Jahrhunderts wurden in England große Mengen Kohle und Eisenerz aus Schächten tief unter der Erde gefördert. In den Bergwerken waren unzählige Pumpen in Betrieb. Damit pumpte man das eindringende Wasser ab. Diese Pumpen wurden von Dampfmaschinen angetrieben. Man beheizte diese Maschinen mit Kohlen. Durch die Hitze wurde aus Wasser Wasserdampf erzeugt. Und den Druck des Wasserdampfes nutzte man zum Antrieb der Pumpen. Auf diese Weise wurde jedoch ein großer Teil der geförderten Kohle gleich wieder zum Heizen der Dampfkessel verbrannt – eine große Verschwendung. James Watt, Tüftler und Nachdenker an der Universität in Glasgow, suchte nach einer Lösung – und fand sie. 1788 entwickelte er die Watt'sche Dampfmaschine. Von nun an wurde weniger Brennstoff verbraucht.

b Präteritum

c **Mögliche Lösungen:**
- In der Mitte des 18. Jahrhunderts förderte man in England große Mengen Kohle und Eisenerz aus Schächten tief unter der Erde.
- Dampfmaschinen trieben diese Pumpen an.
- Die Hitze erzeugte aus Wasser Wasserdampf.
- Auf diese Weise verbrannte man jedoch einen großen Teil der geförderten Kohle gleich wieder zum Heizen der Dampfkessel – eine große Verschwendung.
- Von nun an verbrauchte man weniger Brennstoff.

d **Mögliche Lösungen:**
- Damit wurde das eindringende Wasser abgepumpt.
- Diese Maschinen wurden mit Kohlen beheizt.
- Und der Druck des Wasserdampfes wurde zum Antrieb der Pumpen genutzt.
- 1788 wurde die Watt'sche Dampfmaschine von James Watt entwickelt.

Seite 60

Sätze und Satzglieder – Nichts als Luft?

Satzglieder erkennen: Subjekt, Prädikat, Objekt

1 a, b, c
A **Die Luftmatratze** bietet dir eine bequeme Schlafgelegenheit. – Wer oder was bietet dir eine bequeme Schlafgelegenheit?
B **Die Luftschlange** schmückt jede Party. – Wer oder was schmückt jede Party?
C **Der Luftballon** fliegt dem Kind davon. – Wer oder was fliegt dem Kind davon?

d A [Eine bequeme Schlafgelegenheit] [bietet] [dir] [die Luftmatratze].
B [Jede Party] [schmückt] [die Luftschlange].
C [Dem Kind] [fliegt] [der Luftballon] [davon].

e A 4 Satzglieder; B 3 Satzglieder; C 3 Satzglieder

Seite 61

2 a, c (Subjekt, [Prädikat], Dativobjekt, Akkusativobjekt)
Unser Planet [bietet] vielen Lebewesen einen Lebensraum.
b Wer oder was bietet vielen Lebewesen einen Lebensraum?
Wem bietet unser Planet einen Lebensraum?
Wen oder was bietet unser Planet vielen Lebewesen?

3 a, b (Subjekt, [Prädikat], Dativobjekt, Akkusativobjekt)
A Die Luft [enthält] lebensnotwendigen Sauerstoff.
B Menschen und Tiere [atmen] das wichtige Gas [ein].
C Die Wissenschaftlerin [beweist] den Passanten die Luftverschmutzung.
D Sie [gibt] interessierten Zuhörern eine Broschüre.

4 Luft besteht aus verschiedenen Gasen. Die Erdanziehungskraft bindet **die Gasteilchen** an die Erdoberfläche. Diese bilden **die Atmosphäre**. Die Atmosphäre bietet **allen Lebewesen wichtigen Schutz** vor schädlichen Strahlen. Sie bedarf **der Durchmischung**, so treten die Gase der Atmosphäre mit der Erdkruste, den Ozeanen und allen Lebewesen in Wechselwirkung.

5 **Mögliche Lösung:** Sie gab dem Hund einen Leckerbissen. / Der Lehrer erklärt seinen Schülern Geometrie. / Der Junge leiht seinem Freund sein Fahrrad. / Ich schulde meiner besten Freundin Geld. / Mein Freund empfiehlt mir den neuen Kinofilm. / Der Eisverkäufer bietet uns seine neue Sorte an.

Seite 62

Attribute in Satzgliedern entdecken

1 a, b, c (Adjektivattribut, Präpositionalattribut, Genitivattribut)
Die Atmosphäre **der Erde** besteht aus verschiedenen Schichten. Neunzig Prozent **der Luft** befinden sich in der unteren Atmosphärenschicht. Dadurch nimmt der Luftdruck nach oben hin ab, und der Anteil **an Sauerstoffteilchen** wird geringer. Viele Menschen bekommen deshalb ab einer Höhe von 2000 Metern die Höhenkrankheit:
Die Abnahme **des Sauerstoffs** verursacht Kopfschmerzen, Übelkeit und Atemnot.
Wer also den **höchsten** Berg **der Welt**, den Mount Everest, erklimmen will, sollte das nicht ohne eine extra Portion Sauerstoff tun. Deshalb war es auch eine Sensation, als die Extrembergsteiger Reinhold Messner und Peter Habeler den Gipfel **dieses Berges** 1978 als erste Menschen ohne Sauerstoff **aus der Flasche** bezwangen.

d Aus verschiedenen Schichten | besteht | die Atmosphäre der Erde.

2 a Die Bergsteiger Messner und Habeler | bestiegen | den Gipfel.
b **Mögliche Lösung:**
Die mutigen Bergsteiger Messner und Habeler bestiegen den Gipfel des Berges.

Seite 63

Satzglieder erkennen: Adverbiale Bestimmungen

1 a B einen Ventilator
b, c (adverbiale Bestimmung der Zeit, des Ortes, der Art und Weise, des Grundes)

Ohne ihn | könnte | man | keinen heißen Sommertag | aushalten.
Er | wurde | 1902 | wegen starker Hitze | entwickelt.
Er | kann | an der Decke | hängen. Er | kühlt | Raumluft | durch rotierende Metallblätter.

2 b, c (adverbiale Bestimmung der Zeit, des Ortes, der Art und Weise, des Grundes)
1 Als Erstes schaltet man den Ventilator ein.
2 Anschließend hält man einen leichten Ball vorsichtig in den Luftstrom.
3 Schließlich tanzt der Ball wegen des Druckausgleichs der Luft in der Luft.

3 **Mögliche Lösung:**
Heute baue ich zu Hause schnell ein Flugzeug.

Seite 64

Sätze verknüpfen zu Satzreihen und Satzgefügen

1 a A, B
b A Einige Fische können fliegen, denn sie springen meterhoch aus dem Wasser.
B Einige Fische können fliegen, denn sie haben flügelartige Flossen.
c A Einige Fische können fliegen, weil sie meterhoch aus dem Wasser springen.
B Einige Fische können fliegen, weil sie flügelartige Flossen haben.

2 a, b (Nebensatz, Verb)
Einige Tintenfische erinnern an Düsenjets, weil sie tatsächlich in die Luft gehen.
Blitzschnell schießen sie aus dem Meer empor, indem sie sämtliches Wasser aus ihren Körpern herauspressen.
Bis zu zehn Meter weit lässt sie der Vortrieb „fliegen", obwohl Tintenfische keine Flügel haben.
Sie plumpsen wieder ins Wasser zurück, wenn sie kein Wasser mehr im „Tank" haben.

Seite 65

Adverbialsätze verwenden: Kausalsätze

1 a **Mögliche Lösung:**
Katze Emily flog über den Atlantik, weil ihr Besitzer sie versehentlich in den Koffer eingeschlossen hatte.
b A Die Katze reiste mit einem Schiff nach Europa, weil/da sie beim Streunen in einen Container gelangt war.
B In Europa konnte der Finder Emilys Besitzer anrufen, weil/da er seine Telefonnummer auf dem Katzenhalsband fand.
C Die Katze flog kostenlos nach Hause, weil/da eine Fluggesellschaft das Ticket bezahlte.
c B Wegen der Telefonnummer auf dem Katzenhalsband konnte der Finder in Europa Emilys Besitzer anrufen.

2 **Mögliche Lösung:**
- Hamster Carlo sorgte für Flugausfall, weil er elektrische Leitungen der Flugmaschine angeknabbert hatte.
- Hund Bruno fand einen blinden Passagier, da dieser mit einem Schinkenbrot reiste.
- Wellensittich Fritz reiste einmal um die Welt, weil sich sein berühmter Besitzer während der Tournee nicht von ihm trennen konnte.

Seite 66

Adverbialsätze verwenden: Modalsätze

1 a A Der Heißluftballon fliegt, indem Luft erhitzt wird.
B Das Luftkissenboot fährt, indem Luft unter den Schiffsboden geblasen wird.
C Das Solarmobil fährt, indem Sonnenenergie umgewandelt wird.
b A Der Heißluftballon fliegt durch Erhitzen von Luft.
B Das Luftkissenboot fährt durch Einblasen von Luft.
C Das Solarmobil fährt durch Umwandlung von Sonnenenergie.

2 a Flugzeuge fliegen indem sie mit den Flügeln schlagen. Frisbeescheiben fliegen indem sie den Auftrieb nutzen. Vögel fliegen indem sie kräftig in die Luft geworfen werden. Menschen fliegen indem Luft erhitzt wird. Heißluftballons fliegen indem sie in ein Flugzeug steigen.
b Flugzeuge fliegen, indem sie den Auftrieb nutzen. Frisbeescheiben fliegen, indem sie kräftig in die Luft geworfen werden. Vögel fliegen, indem sie mit den Flügeln schlagen. Menschen fliegen, indem sie in ein Flugzeug steigen. Heißluftballons fliegen, indem Luft erhitzt wird.

3 Ein Luftschiff steigt nach oben, indem die Hülle mit Wasserstoff oder Helium gefüllt wird.

Seite 67

Adverbialsätze verwenden: Temporalsätze

1 a, b (Vorzeitigkeit, Gleichzeitigkeit, Nachzeitigkeit)
Ein gründliches Training ist nötig, **bevor** Sportler auf Skiern von riesigen Schanzen springen können. Für einen Absprung muss der Sportler in die Hocke gehen, **während** er die steile Anlaufspur hinabfährt. Er muss dann abspringen, **wenn** er den richtigen Punkt an der Kante des Schanzentisches erreicht hat. Die Landung muss eingeleitet werden, **sobald** der Sportler dem Hang nahe kommt. Für seinen Sprung erhält der Skispringer eine bestimmte Punktzahl, **nachdem** Sprungweite, Haltung und Windfaktor bewertet worden sind.

2 A Sobald der Wagen mit der Winde an das Startbahnende gefahren ist, wird das Seil aus der Winde herausgezogen.
B Nachdem das Seil am Flugzeug befestigt worden ist, zieht der Wagen mit der Winde das Seil an.
C Sobald das Flugzeug in der Luft schwebt, hakt sich das Seil automatisch aus.
D Wenn warme Luftmassen erreicht werden, steigt das Flugzeug immer höher.

3 Nachdem der Segelflieger erfolgreich gestartet ist, klatschen die Zuschauer begeistert.

Seite 68

Relativsätze verwenden

1 a, b A Das Mikroskop ist ein Gerät, das Dinge vergrößert zeigt.
B Die Pinzette ist ein Werkzeug, das kleine Gegenstände greift.
C Das Reagenzglas ist ein Gefäß, das zum Aufbewahren von Flüssigkeiten benutzt wird.

2 A Das Mikroskop, das etwa 1590 erfunden wurde, zeigt Dinge größer.
B Die Pinzette, deren Name vom französischen „pince“ (Zange) kommt, wurde bereits in der Antike genutzt.
C Das Reagenzglas, das auch „Probierglas“ genannt wird, gehört in jedes Labor.

Seite 69

3 A Das Thermometer, das für die Temperaturmessung unverzichtbar ist, gehört in jeden Haushalt.
B Die Pipette, die man zur Dosierung von Flüssigkeiten nutzt, wird häufig im medizinischen Bereich verwendet.
C Der Glaszylinder, der in jedem Labor steht, gehört zur Grundausstattung.

4 A Wir erklären den Versuch, durch den Luft sichtbar wird. B Du stellst Fragen, mit denen wir nicht gerechnet haben.
C Wir fanden eine Lösung, über die wir uns wunderten.

5 a, b Der Naturforscher Otto von Guericke, der im 17. Jahrhundert an der Universität Leipzig lehrte, führte ein bis heute berühmtes Experiment durch: Aus einer Kugel, die aus zwei Halbkugeln zusammengesetzt war, ließ er die Luft absaugen. Mehreren Pferden, die an jeder Halbkugelseite zogen, gelang es nicht, die beiden Hälften auseinanderzubringen. Damit hatte Guericke bewiesen, dass man einen luftleeren Raum schaffen kann und dass Luftdruck existiert.

6 **Mögliche Lösung:**
- Die Luftpumpe ist eine Pumpe, mit der man Luft in ein geschlossenes Behältnis füllen kann.
- Das Barometer ist ein Messgerät, mit dem man den Luftdruck misst.
- Das Maßband ist ein Band, mit dem man Strecken messen kann.
- Die Stoppuhr ist eine Uhr, mit der man Zeiten misst.
- Der Kurzzeitwecker ist ein Messgerät, mit dem man kurze Zeiten misst.
- Der Kompass ist ein Hilfsmittel, mit dem man Richtungen ermitteln kann.

Seite 70

Subjektsätze und Objektsätze verwenden

1 a, b (Nebensatz, Subjektsatz, Objektsatz)
Ferdinand Graf von Zeppelin wurde 1838 in Konstanz als Spross einer Adelsfamilie geboren. Schon in der Schule fiel auf, dass er sich besonders für Physik, Chemie und Mathematik interessierte. Während einer USA-Reise im Jahr 1863 beobachtete er, wie ein Heißluftballon in den Himmel stieg. Zeppelin war fasziniert und unternahm selbst eine Ballonfahrt. Diese Fahrt hatte zur Folge, dass Zeppelin seinen ersten Entwurf für einen lenkbaren Ballon zu Papier brachte. Der Zeppelin war geboren.

2
- Zahlreiche Zuschauer beobachteten gespannt, wie der erste Zeppelin abhob.
- Dass die Landung ohne Probleme verlief, sorgte für großen Beifall.

3 Während einer USA-Reise im Jahr 1863 beobachtete er das Aufsteigen eines Heißluftballons in den Himmel.

Seite 71

Teste dich! – Adverbialsätze

1 a, b (Temporalsatz, Kausalsatz, Modalsatz)
Das Flugzeug wird stark beschleunigt, **während** es über die Startbahn fährt. Die Luft wird durch die Tragflächen geteilt, **indem** ein Teil der Luft über die Tragfläche, ein anderer Teil unter der Tragfläche entlangfließt. Dabei hat die Luft auf der oberen Seite einen längeren Weg, **da** die Tragfläche oben gewölbt ist. Das Flugzeug fliegt, **indem** es diese beiden Luftströmungen nutzt. Es hebt schließlich ab, **weil** die Luft an der Unterseite einen stärkeren Druck ausübt als die an der Oberseite.

2
a 1903 sorgten die Brüder Wright für eine Sensation, als sie mit dem ersten Motorflugzeug in die Luft stiegen.
b Die Brüder Wright wurden berühmt, weil sie das erste Motorflugzeug erfanden.
c Die beiden US-Amerikaner wurden einem großen Publikum bekannt, indem viele Zeitungen über sie berichteten.

Seite 72

Texte überarbeiten

1 a, b

Wenn Schlangen fliegen	
Schlangen, die zu den Kriechtieren gezählt werden, sind in der Regel am Boden zu finden.	Kommas: Satzgefüge mit Relativsatz
Aber eine Schlangenart sticht hervor. Sie bewegt sich auf ungewöhnliche Weise fort.	weil
Die Schmuckbaumnatter aus Südostasien kann fliegen, obwohl sie keine Flügel besitzt.	Komma: Satzgefüge mit Adverbialsatz
Forscher haben nun untersucht, wie sich die Schlangen in der Luft fortbewegen.	Komma: Satzgefüge mit Objektsatz
Die Reptilien bewegen sich von Ast zu Ast. Sie machen ihren Körper platt und verdoppeln ihre Breite.	indem
Die Schlangen nutzen den Auftrieb wie Flugzeuge. Die Schlangen bewegen sich schnell hin und her.	die
Durch die Anwendung dieser Technik fliegen die Schmuckbaumnattern bis zu 20 Meter weit.	
Ähnlich talentiert sind die Flughörnchen. Die Flughörnchen breiten zum Fliegen einfach ihre Hautfalten an den Beinen aus.	die/welche

Seite 73

2 **Wenn Schlangen fliegen**
Schlangen, die zu den Kriechtieren gezählt werden, sind in der Regel am Boden zu finden. Aber eine Schlangenart sticht her-

vor, weil sie sich auf ungewöhnliche Weise fortbewegt. Die Schmuckbaumnatter aus Südostasien kann fliegen, obwohl sie keine Flügel besitzt. Forscher haben nun untersucht, wie sich die Schlangen in der Luft fortbewegen. Die Reptilien bewegen sich von Ast zu Ast, indem sie ihren Körper platt machen und ihre Breite verdoppeln. Die Schlangen, die sich schnell hin und her bewegen, nutzen den Auftrieb wie Flugzeuge. Durch die Anwendung dieser Technik fliegen die Schmuckbaumnattern bis zu 20 Meter weit. Ähnlich talentiert sind die Flughörnchen, die zum Fliegen einfach ihre Hautfalten an den Beinen ausbreiten.

3 Aber eine Schlangenart sticht hervor, denn sie bewegt sich auf ungewöhnliche Weise fort.

4 a Forscher haben nun untersucht, wie sich die Schlangen in der Luft fortbewegen. – Objektsatz
b Forscher haben nun die Fortbewegung der Schlangen in der Luft untersucht.

5 a Die zu den Kriechtieren zählenden Schlangen sind in der Regel am Boden zu finden.
b Die Schlangen nutzen den Auftrieb wie Flugzeuge. Sie bewegen sich schnell hin und her.
c Indem sie diese Technik anwenden, fliegen die Schmuckbaumnattern bis zu 20 Meter weit.

Rechtschreibung

Seite 74

Was kann ich schon? – Rechtschreibstrategien

1

Schwingen	Verlängern	Zerlegen	Ableiten
der Schlüssel, die Winde, der Himmel, die Ernte	der Zug, das Pfund, der Zwerg, gesund	die Erdkugel, die Wegbeschreibung, der Ballkünstler, die Gesundheitstage	die Zähne, die Zäune, die Gemäuer, aufräumen

2 A Schwingen; B Ableiten; C Zerlegen; D Verlängern

3 a, b A die Liebe, die Siebe, der Winter, zieren, sieben, wiegen B zieht, kriecht, fließt, ziert, viel, schwimmt
C die Ziernaht, die Fließgeschwindigkeit, der Siebdruck, die Zielgerade

Seite 75

4 A Grußkarte, Grüßen; B ließ, verdrießlich, genossen; C draußen, Straße, Straßenlaterne; D Maßband, messen

5 a **Fehlerwörter:** zweitgrössten (Z. 1), anlaufstation (Z. 2), nimanden (Z. 2), Strassenkinder (Z. 3), verschidene (Z. 4), dem trainieren (Z. 4), die älteren (Z. 5), den jüngeren (Z. 5), ohne geben (Z. 6), kein nehmen (Z. 6), vile (Z. 6), ausser (Z. 7), Tirpfleger (Z. 7), dise (Z. 8), grosse (Z. 8), verdinen (Z. 9)
b

***i*-Laut-Schreibung**	***s*-Laut-Schreibung**	**Großschreibung**
niemanden, verschiedene, viele, Tierpfleger, diese, verdienen	zweitgrößten, Straßenkinder, außer, große	Anlaufstation, dem Trainieren, die Älteren, den Jüngeren, ohne Geben, kein Nehmen

Seite 76

Rechtschreibstrategien anwenden – Fehler vermeiden

Strategie: Schwingen – Wörter in Silben sprechen

1 a Sorten, Dosen, Stangen, Kerne, Pfirsich, Aprikosen, Zapfen, Spalten, Tannen, Kartoffeln, Spargel, Speise
b, c **Mögliche Lösungen:**
Dosenaprikosen, Aprikosensorten, Aprikosenspalten, Pfirsichkerne, Stangenspargel, Tannenzapfen

2 a Markiert werden *kw* und *qu*.
b Man spricht in beiden Sprachen *kw*. Im Niederländischen schreibt man *kw*, im Deutschen *qu*.

3 die Quote, das Quadrat, quetschen, die Quelle, bequem, der Äquator, die Quittung, der Querschnitt, die Qual

4 **Mögliche Lösung:**

st	*sp*	*qu*
stolpern, stoppen, stoßen, stürzen, die Straße	spaßen, spurten, spazieren, sparen, die Spalte	quasseln, quaken, quatschen, überqueren, die Qualle

Seite 77

Strategie: Verlängern – Einsilber und unklare Auslaute

1 a Richtig schreiben kann man: die Schule, der Balken, die Kurbel, der Boden
b der Wind, der Zwerg, der Stab, das Rad, der Zug, schreibt, lebt, tobt, singt, rund, hell, artig, fleißig, der Anfall
c

Nomen	Adjektive	Verben
die Winde, die Zwerge, die Stäbe, die Räder, die Züge, die Anfälle	runder, heller, artiger, fleißiger	schreiben, leben, toben, singen

2 a Kannst du dir vorstellen, dass du einen eigenen Stuhl in die Schule mitbringen musst? In einer Schule in Angola (Afrika) ist das so. Auf dem langen Weg zur Schule trägt jedes Kind einen Plastikstuhl mit sich. Dieser Stuhl wiegt zwar nicht viel, aber dafür fliegt er bei starkem Wind schnell durch die Gegend – vor allem, wenn er auf dem Kopf getragen wird. Das ist aber die bequemste Form des Tragens. Damit das geht, hebt jedes Kind seinen Stuhl umgedreht auf den Kopf und beschwert ihn mit einem Stein.
b können, müssen, die Wege, tragen, die Kinder, wiegen, fliegen, die Winde, schneller, die Gegenden, werden, heben, die Kinder

Seite 78

1 a er kennt, sie lebt, es rennt, sie nennt, er knurrt, er bellt, es fragt, er bringt, sie legt, er klagt
sie erlebt, er verlebt, er bekennt, sie erkennt, er benennt, sie erstellt, es versagt, er beklebt
b B
c wir kennen, wir leben, wir rennen, wir nennen, wir knurren, wir bellen, wir fragen, wir bringen, wir legen, wir klagen, wir erleben, wir verleben, wir bekennen, wir erkennen, wir benennen, wir erstellen, wir versagen, wir bekleben

2 a geliebt, geschabt, gefegt, geprägt, gefragt, gestellt, gekrallt, geschnappt, geschleppt, gekriegt, geraubt, gelegt
b geliebt – wir lieben, geschabt – wir schaben, gefegt – wir fegen, geprägt – wir prägen, gefragt – wir fragen, gestellt – wir stellen, gekrallt – wir krallen, geschnappt – wir schnappen, geschleppt – wir schleppen, gekriegt – wir kriegen, geraubt – wir rauben, gelegt – wir legen

3 **Mögliche Lösungen:**

Erst haben wir den Boden gefegt und uns dann den Wischlappen geschnappt.

Das Krokodil hat die Beute geschnappt und ins Wasser geschleppt.

Seite 79

Strategie: Zerlegen – Zusammengesetzte Wörter und Wörter mit Bausteinen

1 a, b Marmor|kuchen, Wind|beutel, Rosinen|brote, Roggen|brote, Voll|korn|brote, Pfann|kuchen, Land|brote, Rind|feisch, Kalb|fleisch, Lamm|wurst
c die Winde, voller als, die Pfannen, die Länder, die Rinder, die Kälber, die Lämmer

2 a

Nomen	Adjektive
die Landschaft, die Freundschaft, die Feindschaft, die Kindheit, die Liebschaft, die Wildheit, die Wildnis	ländlich, freundlich, sinnlos, sinnlich, sinnhaft, feindlich, kindlich, lieblos, lieblich, rundlich

b die Länder, die Freunde, die Sinne, die Feinde, die Kinder, lieber, wilder, runder

3 Land|tiere können Raub|tiere oder Fried|tiere sein. Das hängt von ihrem Fress|verhalten und Jagd|trieb ab.

Seite 80

Strategie: Ableiten – Wörter mit *ä* und *äu*

1 a

A Der Hund bellt und fällt die Leute an.

B Das Kätzchen schnurrt und taucht das glänzende Mäulchen in die Milch.

C Die bläulich leuchtende Laterne hat ein neues Leuchtmittel.

D Der Turmbläser ist gleichzeitig der Wächter für die Häuser der Stadt.

b

Ableitungswort mit *a*	Ableitungswort mit *au*
anfallen, die Katze, der Glanz, blasen, wachen	das Maul, blau, das Haus

2 a Ähre, Ausläufer, Äquator, Ägypten, Betäubung, Geräusch, Bestäubung, Knäuel, Käfer, Käse
äußerlich, säuerlich, einäugig, ärgerlich, ängstlich, bäuerlich, fähig, häufig, während, bewältigen

b auslaufen, taub, rauschen, Staub, außen, sauer, Auge, Angst, Bauer, Haufen

c Ähre, Äquator, Ägypten, Knäuel, Käfer, Käse, ärgerlich, fähig, während, bewältigen

3 **Mögliche Lösungen:** Der Käfer ist fähig, in einem Knäuel zu nisten. Ägypten und Äthiopien liegen nördlich des Äquators.

Seite 81

Das Strategiewissen anwenden

1 a zeigt, wichtig, trägt, bewältigt, Weg, lebt, kann, muss, während, Rundzelte, erbärmlich, wärmende, ärmlich, älteren

b Verlängern, Zerlegen, Ableiten

2

Schwingen	Verlängern	Ableiten
Sommerzeit, beeindruckendes, Altersklasse	Vordergrund, gleichzeitig, jagt	Sättel, ungefährlich

3 **Mögliche Lösung:** gefährlich, Gefahrenzone, die Gefährlichkeit, gefährden

Seite 82

Fremdwörter richtig schreiben

1

th statt *t*	*ph* statt *f*	Schreibweise entspricht der Sprechweise
die Ethik, die Mathematik, das Theater, die Theorie	die Physik, das Alphabet	die Tradition, die Information, die Kooperation, die Kalkulation

2 a, b

A Badminton; B Skydiving; C Bungeejumping; D Aquaball; E Bodybuilding; F Beachball; G Kitesurfen; H Paintball; I Aerobic

Seite 83

Teste dich! – Strategiewissen

1 a, b

✕ Wald|brand|gefahr; ✕ Rind|leder; Radioapparat; ✕ End|rundenzeit;

✕ Flug|federn; Organisation; ✕ Wind|richtung; Hand|ball|halb|zeit|ergeb|nis

2

Schwingen	Verlängern	Zerlegen	Ableiten
immer, kippen, aufkommen	gibt, Überschlag, stimmt, muss, liegt, zurückkippt	Schottland, Baumstamm-werfen, Stammwurf	häufiger, Anhänger, Ländern, Männer, Händen, kräftig

Seite 84

Rechtschreibregeln verstehen – Richtig schreiben

Doppelkonsonanten – Achte auf die erste Silbe

1 a ha ben, hat ten, haf ten, hal ten, hal len, häm mern, has sen, hin ken, ho len

Ha ken, Ha fen, Ham mel, Ha se, Him mel, Hen ne, Häl se

b A Wenn die erste Silbe offen ist, spricht man den Vokal **lang**.
B Wenn die erste Silbe geschlossen ist, spricht man den Vokal **kurz.**

2 a, b

Erste Silbe offen	**Erste Silbe geschlossen**	
	Zwei verschiedene Konsonanten	**Zwei gleiche Konsonanten**
ha ben, ho len, Ha ken, Ha fen, Ha se	haf ten, hal ten, hin ken, Häl se	hat ten, hal len, häm mern, has sen, Ham mel, Him mel, Hen ne

3
l/ll: bellt – denn: bellen; malt – denn: malen
m/mm: hemmt – denn: hemmen; kommt – denn: kommen
n/nn: nennt – denn: nennen; meint – denn: meinen
f/ff: hofft – denn: hoffen; schafft – denn: schaffen

Seite 85

4 a Bundesinnenministerium, Alltagsrituale, Antrittsrede, Metallhalter, Rabattmarke, Druckmittel, Fettverbrennung, Tempoobergrenze, Trittsicherheit, Nationalmannschaft, Programmpunkte, Brennholzsuche
b Alltagsrituale – alle, Antrittsrede – die Tritte, Metallhalter – die Metalle, Rabattmarke – die Rabatte, Druckmittel – drucken, Fettverbrennung – die Fette, Trittsicherheit – die Tritte, Nationalmannschaft – die Männer, Programmpunkte – die Programme, Brennholzsuche – brennen

5 a **Fehlerwörter:** Weter (Z. 1), Manschaft (Z. 1), Bal (Z. 2), wizigen (Z. 3), sinvol (Z. 4), Fußbalspiel (Z. 5), Bal (Z. 5), schnel (Z. 5), wil (Z. 6), Sumpffußbal (Z. 6), Beschafenheit (Z. 6), steken (Z. 7), herauskomt (Z. 7), kan (Z. 8), vorstelen (Z. 8), angepast (Z. 9), müsen (Z. 11), aufpasen (Z. 11), mus (Z. 11), weiterrenen (Z. 11)

b

Schwingen	**Verlängern**	**Zerlegen**
Wetter, witzigen, Beschaffenheit, stecken, vorstellen, müssen, aufpassen, weiterrennen	Ball, schnell, will, Sumpffußball, herauskommt, kann, muss	Mannschaft, sinnvoll, Fußballspiel, angepasst

6 **Mögliche Lösung:**
-komm-: herkommen, mitkommen, ankommen, gekommen, angekommen, willkommen
-renn-: rennen, vorrennen, vorbeirennen, Rennbahn, Rennrad

Seite 86

i oder *ie*? – Achte auf die erste Silbe

1 a hindern, singen, kippen, schieben, wissen, sieben, niesen, binden, lindern, mildern, liegen, schielen
b, c

Erste Silbe offen	**Erste Silbe geschlossen**	
	Zwei verschiedene Konsonanten	**Doppelkonsonant**
schieben, sieben, niesen, liegen, schielen	hindern, singen, binden, lindern, mildern	kippen, wissen
Man spricht den *i*-Laut **lang**.	Man spricht den *i*-Laut **kurz**.	Man spricht den *i*-Laut **kurz**.

2 A das Rind – denn: die Rinder; B das Sieb – denn: die Siebe; C der Dieb – denn: die Diebe; D das Ziel – denn: die Ziele

3 der Hunde|biss – die Bisse; der Jagd|trieb – die Triebe; das Tier|heim – die Tiere; der Brief|träger – die Briefe; der Bänder|riss – die Risse

4 **Mögliche Lösung:**
er rieb, er schrieb, er blieb, er siegt, er kriegt, der Brieföffner, der Diebstahl

Seite 87

Der *i*-Laut in Fremdwörtern

1 a, b

Zweisilber	**Mehrsilber**
Kino, Kilo, Biber, Primel, Tiger, Bibel, Silo	Tiramisu, Limonade, Termiten, Pantomime, Zitrone, Apfelsine, Giraffe

Es handelt sich um Merkwörter.	Es gilt die Regel zur *i*- und *ie*-Schreibung, denn die Regel gilt nur für zweisilbige Wörter und wenn der *i*-Laut in der ersten Silbe steht.

2

Nomen mit Endung *-ie*	Verben mit Endung *-ieren*
die Garantie, die Harmonie, die Regie, die Strategie, die Melodie, die Studie	garantieren, harmonieren, marschieren, regieren, telefonieren, polieren, studieren

3 A Im Mathematikunterricht **subtrahiert, dividiert, multipliziert** und **addiert** man.
B Wer in einem Streit eine Position vertritt, der **positioniert** sich.

Seite 88

s, *ß* oder *ss*? – *s*-Laute unterscheiden

1

Erste Silbe offen		Erste Silbe geschlossen	
Summender *s*-Laut	**Zischender *s*-Laut**	**Zwei verschiedene Konsonanten**	**Doppelkonsonant**
die Vase, der Käse, das Wesen, die Rose	die Soße, die Straße, die Füße	die Linse, die Leiste, die Reste, die Bremse	die Bisse, das Kissen, die Risse, die Küsse

2 A es gießt – denn: gießen; B es fließt – denn: fließen; C er niest – denn: niesen; D sie heißt – denn: heißen; E er grüßt – denn: grüßen; F sie schmeißt – denn: schmeißen; G er preist – denn: preisen; H er beißt – denn: beißen; I ihr lest – denn: lesen

3 a, b Schmeißfliegen – denn: schmeißen; Floßpaddel – denn: die Flöße; Schweißgerät – denn: schweißen; Bierfass – denn: die Fässer; Heißluft – denn: heißer; Grußkarte – denn: grüßen

Seite 89

ss und *ß* in einer Wortfamilie

1

Infinitiv	Präsens	Präteritum	Nomen
fließen	es fließt – denn: fließen	es floss – denn: flossen	der Fluss – denn: die Flüsse
gießen	er gießt – denn: wir gießen	er goss – denn: wir gossen	der Guss – denn: die Güsse
schießen	er schießt – denn: wir schießen	er schoss – denn: wir schossen	der Schuss – denn: die Schüsse
reißen	er reißt – denn: wir reißen	er riss – denn: wir rissen	der Riss – denn: die Risse
messen	er misst – denn: wir messen	er maß – denn: wir maßen	das Maß – denn: die Maße

2 A der Flusskrebs – denn: Flüsse; B die Fließgeschwindigkeit – denn: fließen; C die Gießkanne – denn: gießen; D das Gusseisen – denn: die Güsse; E das Schießpulver – denn: schießen; F die Schusslinie – denn: die Schüsse; G die Risslänge – denn: die Risse; H die Reißleine – denn: reißen; I die Messlatte – denn: messen; J das Maßband – denn: die Maße

3 aßen, Westen, Schießereien, Essen, umschlossen, Schusswaffe, schießen, anschließend, verspeisen, schussbereit

4 **Mögliche Lösung:** vergessen, vergisst, vergaßen

Seite 90

Wörter mit *h* – Hören oder merken

1

Wörter mit hörbarem, silbenöffnendem *h*	Merkwörter mit *h*
ziehen, gehen, wehen, flehen, sehen, sprühen	fahren, nehmen, dehnen, gähnen, sehnen, lehren

2

Wörter mit hörbarem, silbenöffnendem *h*	Merkwörter mit *h*
die Rehe, die Zehen, drehen, früher	die Löhne, die Zähne, die Drähte, die Bahnen, kühler

3
- das Jahr, jährlich, der Jahresplan, das Jahrhundert, einjährig, der Jahrgang
- zahlen, zahllos, bezahlen, die Zahlkarte, die Zahlung, das Zahlwort
- wehren, wehrhaft, wehrlos, die Wehrpflicht, die Abwehr
- bohren, die Bohrinsel, die Bohrmaschine, das Bohrloch, der Bohrer, gebohrt, der Bohrturm, der Bohrhammer

4
a A im; B ihm; C Mahl; D Mal; E Wahl; F Wal; G dehnen; H denen
b **Mögliche Lösung:**
Ihm geht es im Ausland gut.
Jedes Mal kochte er ein leckeres Mahl.
Der Wal hat nicht die Wahl, seinen Lebensraum zu verlassen.
Wir werden denen sagen, dass sie den Vortrag nicht endlos ausdehnen sollen.

Seite 91

Teste dich! – Regelwissen

1 Richtig sind die Aussagen B, C, D. Falsch sind die Aussagen A, E, F.

2
a **Korrigierte Fehlerwörter:**
Zeile 1: auffallen, wollen; Zeile 7: eingenommen, allerdings; Zeile 8: soll, kommt; Zeile 9: Nudelsuppe
b müssen, erweist, Großeltern, Essen, speist, isst, Fußsohlen, große, isst, genussvoll, heißt, Suppeessen, muss, Messer, essen, müssen, stattdessen, Essstäbchen, gießt, Soße
c **Mögliche Lösungen:**
ihrer (Z. 1), unangenehm (Z. 1), Afghanistan (Z. 3), Ehrengast (Z. 3), Mahl (Z. 5), Mahlzeit (Z. 6–7), Fußsohlen (Z. 7)

Seite 92

Groß- und Kleinschreibung – Nomen großschreiben

Nomenproben anwenden

1
a den Kältegebieten, den Gebieten
b des nördlichen Polarkreises, kalten Winter, die lange Dunkelheit, kurzen Sommer, der gefrorene Boden, die lästigen Mücken, großer Zahl
c viele Kinder, mehrere Monate

2 Der Eisbär war überaus wütend, als die Sonne verschwunden war. Kälte und Finsternis herrschten jetzt im Himmel. Der weiße Geselle wurde griesgrämig. Eines Tages beschloss er, zu der Sonne auf die Erde hinabzusteigen. „Ich bin gekommen, um mir die Sonne zu holen“, sagte er zu den Tieren. „Wir geben sie dir nicht“, sagte der Fuchs. Er zitterte vor Schreck. „Ohne Sonne herrschen wieder Finsternis und Kälte auf der Erde.“ „Dafür ist es jetzt im Himmel dunkel und kalt“, brummte der Eisbär. Die Tiere berieten sich, wurden sich aber nicht einig. Da meldete sich ein Rabe zu Wort. „Wir alle, Brüder und Schwestern, brauchen die Sonne, auch der Eisbär. Ich schlage vor, dass die Sonne den Sommer über bei uns bleibt. Die zweite Hälfte des Jahres soll sie am Himmel sein. Dann ist sowieso Winter, und viele Tiere halten den Winterschlaf. So ist es gerecht.“
Und so taten sie es auch. Seit dieser Zeit dauert im fernen Osten der Tag einen ganzen Sommer und die Nacht einen ganzen Winter lang. Der Eisbär überlegte nicht lange und zog zu den anderen Tieren auf die Erde hinab. Im Winter, wenn die Sonne nicht am Himmel war, hielt er seinen Winterschlaf. Da brauchte er die Sonne nicht. Im Sommer war die Sonne auf der Erde. Und da lief er ihr immer hinterher.

Seite 93

Nomen an Nachsilben erkennen

1
a umgeben, Freund, reich, freundlich, ereignen, Land, Brauch, bitter, irren, überraschen, ausgraben, erzeugen, eigen, heiter, finster, erben, einsam, erleben, dunkel, nachsichtig
b die Umgebung, die Freundschaft, der Reichtum, die Freundlichkeit, das Ereignis, die Landschaft, das Brauchtum, die Bitterkeit, der Irrtum, die Überraschung, die Ausgrabung, das Erzeugnis, die Eignung, die Heiterkeit, die Finsternis, die Erbschaft, die Einsamkeit, das Erlebnis, die Dunkelheit, die Nachsichtigkeit

2 Finsternis (Z. 2), Erleuchtung (Z. 3), Bedeutung (Z. 4), Dunkelheit (Z. 4–5), Vorstellung (Z. 5), Sonnenlosigkeit (Z. 7), Landschaft (Z. 9), Gemütlichkeit (Z. 10), Geborgenheit (Z. 11), Helligkeit (Z. 13), Behaglichkeit (Z. 14), Geselligkeit (Z. 14–15), Gastfreundschaft (Z. 15), Abwechslung (Z. 17), Einsamkeit (Z. 21)

Seite 94

Nominalisierungen großschreiben

1 ums Überleben (Z. 2), das Beschaffen (Z. 3), zum Erhalten (Z. 7), das Garen (Z. 8–9), das Ergänzen (Z. 12), das Trocknen (Z. 15), das Sammeln (Z. 16)

2 a Textstelle: Zeilen 5–10
b **Mögliche Lösung:**
- Dank Pipaluks Vorsorgen hatte Adam bis jetzt keinen Skorbut bekommen.
- Das Herunterwürgen von rohem Fleisch war Adam schwergefallen.
- Durch regelmäßiges Essen hatte er sich an die Speisen gewöhnt.

Seite 95

3 a, b A Huskys sind besondere Hunde. Das Besondere an ihnen ist ihre Leistungsfähigkeit.
B Iglus haben eine interessante Bauweise. Das Interessante daran ist der Spiralbau.
C Kinder in der Arktis lernen alles Wichtige für den Alltag in der Kälte. Eine wichtige Sache ist die Ernährung.

4 **Nominalisierte Adjektive:** das Besondere (Z. 2), etwas Ungewöhnliches (Z. 5–6), das Problematische (Z. 7), das Traurige (Z. 9)

5 a das Gute, das Gefährliche, das Langweilige, das Wertvolle
b **Mögliche Lösung:**
- Das Gute ist, dass die Huskys robust sind.
- Schlittenhunderennen sind immer etwas Gefährliches.

Seite 96

Tageszeiten und Wochentage richtig schreiben

1 a A WIR HABEN JEDEN DONNERSTAG NACHMITTAGS GESCHLOSSEN
B GEÖFFNET MONTAGS BIS FREITAGS
C WIR SCHLIEẞEN MITTAGS VON 12–13 UHR
D WIR HABEN AM FREITAG DURCHGEHEND GEÖFFNET
b A Wir haben jeden Donnerstag nachmittags geschlossen.
B Geöffnet montags bis freitags
C Wir schließen mittags von 12–13 Uhr.
D Wir haben am Freitag durchgehend geöffnet.

2

Großschreibung (Nomen)	Kleinschreibung (Adverbien)
Tag, Nacht, Tages, Mittag, Mittagsstunden, Nachmittag, Abend, Tag, Nacht, Mitternacht	nachts, tagsüber, abends

Seite 97

Teste dich! – Großschreibung von Nomen

1 Richtig sind die Aussagen A, B, C, E. Falsch ist die Aussage D.

2 a **Mögliche Lösungen:** eines gemütlichen Iglus, eines geeigneten Platzes, einer kreisrunden Fläche, der spätere Igluboden, von großen Schneeblöcken, die gezeichnete Linie, die unterste Blockreihe
b das Bauen, das Suchen, das Zeichnen, das Ausschneiden
c das Schwierige
d Voraussetzung, Schneelandschaft, Verwendung, Neigung

3 Auf die erste Blocklinie werden nun von innen weitere Blöcke in einer Spirale gesetzt. Der Iglubauer baut sich also selber zu. Er muss darauf achten, dass alle Blöcke Kontakt zueinander haben. Günstig ist eine Neigung der Blöcke nach innen. Wenn der Iglubaumeister im Iglu stehen kann, setzt er von innen den letzten Block. Nun sorgen Löcher und Spalten noch für Zugluft. Deshalb müssen alle Öffnungen mit Schnee verschlossen werden. Zum Schluss gräbt man den Eingang, der tiefer liegt als der Boden, damit die warme Luft nicht aus dem Iglu entweicht. Dann hat man es in der Nacht warm und ist am Tag vor Sturm und wilden Tieren geschützt.

Seite 98

Zusammen- und Getrenntschreibung – So oder so?

Zusammenschreibung

1 A der Schaden, der durch Hagel entstanden ist; B die Suppe aus Tomaten; C die Zwerge für den Garten;

D die Rechte von Kindern; E die Hilfe für die Aufgaben, die man zu Hause macht

2 **Mögliche Lösungen:**

Nomen + Adjektiv	Adjektiv + Adjektiv	unveränderliches Wort + Verb
grasgrün, himmelblau, dottergelb	hellblau, dunkelblau, hellrot, dunkelrot, hellgelb, hellgrün, dunkelgrün, gelbgrün	hingehen, losgehen, weitergehen, zurückgehen, hinlaufen, loslaufen, weiterlaufen, zurücklaufen, weiterspielen, zurückspielen, hinfahren, losfahren, weiterfahren, zurückfahren

3 mitspielen, Tischtennis, Veranstaltungskalender, butterblumengelb, hellbraun, ausgehen

Seite 99

Getrenntschreibung

1 **Mögliche Lösung:**

A **Nomen + Verb**	B **Verb + Verb**	C **Verbindung mit *sein***
Betten machen, Gemüse kochen, Kuchen backen, Fleisch grillen, Ski laufen, Karten spielen, Fußball spielen	backen wollen, kochen müssen, denken müssen, schwimmen üben, laufen sollen	da sein, dabei sein, fertig sein, hier sein, vorbei sein, zurück sein, zusammen sein, bereit sein

2 Satz A: B und C; Satz B: A; Satz C: A und B; Satz D: C; Satz E: C und A

Seite 100

3 a **Mögliche Lösung:**
einkaufen dürfen, bleiben müssen, laufen mögen, lernen wollen, schwimmen üben, putzen gehen, vorsingen sollen, denken können, stehen lassen

b **Mögliche Lösung:**
- A Der Lehrer meint, dass die Kinder nicht **lernen wollen**.
- B Karina und Cara mögen nicht daran denken, dass sie **üben müssen**.
- C Luis und Mustafa kriegen gute Laune, weil sie **vorsingen dürfen**.
- D Meine Eltern haben mir versprochen, dass sie mit mir **schwimmen gehen**.
- E Es ist immer ein Albtraum, wenn ich **putzen muss**.
- F Lisa und Abud haben beschlossen, dass sie **bleiben wollen**.

4
- A Wir wollen **Eis essen**, weil es heiß ist. Das **Eisessen** bietet eine angenehme Abkühlung.
- B Wer **Kuchen backen** will, muss genau arbeiten. Beim **Kuchenbacken** kommt es auf Genauigkeit an.
- C Das **Fahrradfahren** eignet sich gut als Ausdauertraining. Deswegen will ich im Sommer häufig mit dem **Fahrrad fahren**.
- D Bei schönem Wetter möchte ich im Sommer regelmäßig **schwimmen gehen**. Zum **Schwimmengehen** fehlt mir leider oft die Zeit.
- E Wenn du deinen Geburtstag feierst, werde ich **dabei sein**, für mich ist das **Dabeisein** wichtig.

5 **Mögliche Lösungen:**
- Er wollte lieber Brot backen als Fußball spielen. Das Brotbacken macht ihm mehr Spaß.
- Morgen müssen wir Abschied nehmen. Das Abschiednehmen fällt mir immer schwer.
- Mein Freund und ich möchten in den Ferien zusammen sein. Das Zusammensein mit meiner Familie ist mir aber auch wichtig.

Seite 101

Teste dich! – Zusammen oder getrennt?

1 Zusammen schreibt man ... A, C, D. Getrennt schreibt man ... E, F, H.

2 a, b A Schulpflicht, Jahrmarkt; C mitfahren, nacharbeiten; D supergute, extralange; E Halt machen, zur Schule gehen; F erlernen wollen, besuchen mussten; H fertig sind, zuständig sind

Seite 102

Zeichensetzung – Kommaregeln beherrschen

Kommasetzung bei Aufzählungen

1 Satz 1: A; Satz 2: C; Satz 3: B

2 a, b Auch in den Armutsvierteln afrikanischer Städte kann man Obst, Gemüse und alle anderen Grundnahrungsmittel

kaufen, aber nur mit ausreichend Geld. Eine gute Lösung wäre die Selbstversorgung durch eigenen Gemüseanbau. Das nötige feuchtwarme Klima wäre vorhanden, jedoch leider nicht der nötige Platz. Eine Lösung sind so genannte Sackgärten, in denen Zwiebeln, Spinat, Kohl und Tomaten angebaut werden. Man braucht nur Platz für zwei Säcke, aber man erntet daraus für eine ganze Familie. Die italienische Hilfsorganisation COOPI unterstützt die Anlage von Sackgärten. Ein bepflanzter Sack kostet 15 €, aber er liefert sechs Monate lang alle drei bis sechs Tage eine Ernte.

3 a, b Jeder Pflanzsack braucht in seinem Inneren kleine Steine, größere Steine, gedüngte Erde. (B)
Die Pflanzen wachsen nicht nur oben aus dem Sack, sondern auch aus den Seiten. (C)
Angepflanzt werden Gemüse des täglichen Bedarfs wie Kohl, Zwiebeln, Paprika. (A)
Der Sack benötigt nur eine kleine Grundfläche, aber er sorgt für eine große Ernte. (C)

Seite 103

Kommasetzung in Satzreihen

1 Kinder in Afrika müssen früh arbeiten, ihre Aufgabe ist häufig die Versorgung mit Holz und Wasser. (A) Sie können oft nicht zur Schule gehen, sondern sie müssen ihrer Familie beim Überleben helfen. (C) Ihre Aufgabe können sie in den trockenen Gebieten oft nur schwer bewältigen, denn es gibt immer weniger Holz (C), die Kinder müssen immer weitere Wege in Kauf nehmen. (A) Ein Solarkocher könnte Holz überflüssig machen (,) und das würde vor allem die Arbeit der Frauen und Kinder vereinfachen. (B)

2 a, b Mädchen profitieren besonders von den Solarkochern, denn sie gewinnen Zeit für die Schule. (C) Sie müssen nicht mehr endlos lange Holz für das Feuer sammeln, sondern sie können lernen. (C) Leider kann man die Solarkocher nicht überall unproblematisch einsetzen, sie passen nicht zu den Lebensgewohnheiten vieler Menschen in Afrika. (A) Zwar scheint in Afrika fast überall die Sonne im Überfluss, aber oft wird nur abends gekocht (C)(,) und da scheint die Sonne nicht mehr. (B) Viele Frauen dürfen zudem nicht draußen kochen, aber der Kocher funktioniert nicht im Haus. (C)

3 a, b **Mögliche Lösung:**
Solarkocher könnten eine Lösung für das knapp werdende Holz sein, aber sie bergen Gefahren.
Die Spiegel für die Solarkocher können bis zu 300° C heiß werden, und Kinder können sich leicht Verletzungen zuziehen. Außerdem brauchen Solarkocher viele Schrauben, und das ist nicht praktisch. Wandernde Familien müssen den Kocher mitnehmen und an anderen Stellen wieder aufbauen, dabei gehen Schrauben schnell verloren.

Seite 104

Kommasetzung in Satzgefügen

1 Hirse ist das Grundnahrungsmittel vieler Menschen in Afrika, weil sie auch unter ungünstigen Bedingungen gut angebaut werden kann. *(nachgestellter Nebensatz)*
Dass sie aber auch sehr gesund ist, ist dabei wichtig für die Ernährungssituation der Menschen. *(vorangestellter Nebensatz)*
So gilt Hirse, da sie viel Magnesium und Folsäure enthält, auch als Gesundmacher. *(eingeschobener Nebensatz)*

2 Hirse hat ein kräftiges Aroma, das den Hirsebrei sehr schmackhaft macht. Die Hirse wird einfach 30 bis 40 Minuten in Wasser, das sie im Topf bedecken muss, gekocht. Es gilt in der Regel, dass man für ein halbes Pfund Hirse einen halben Liter Wasser nehmen muss. Wenn man Hirse vor dem Garen in einer Pfanne leicht anröstet, bekommt sie einen nussigen Geschmack.

3 a, b, c **Mögliche Lösung:**
Für viele afrikanische Menschen gibt es nur Hirsebrei, weil nichts anderes vorhanden ist.
Der Sackgarten kann eine gute Ergänzung sein, da er Zutaten für eine Gemüsepfanne liefert.
Eine Gemüsebeilage ist eine willkommene Abwechslung, weil sie gesund ist und gut schmeckt.
Alle Gemüsesorten werden geputzt und zerkleinert, damit sie schnell garen können.
Das Garen geschieht in einer Pfanne mit Öl, wenn beides vorhanden ist.

Seite 105

Kommasetzung vor *das* oder *dass*

1 a, b Die afrikanische Sahelzone ist ein Gebiet, das durch sehr trockenes Klima mit nur einer Regenzeit im Jahr geprägt ist. Die Menschen im Norden haben sich in ihrer Lebensweise dadurch angepasst, dass sie der Regenzeit mit ihren Tieren von Weideplatz zu Weideplatz hinterherziehen. Das heißt, dass auch die Kinder ständig ihren Wohnort wechseln. Im Süden betreiben die Menschen Ackerbau. Auch in diesen Familien ist es so, dass die Kinder früh Aufgaben übernehmen. Die Bevölkerung wächst sehr stark. Das bedeutet, dass immer größere Flächen für den Anbau von Nahrungsmitteln wie z. B. Hirse benötigt werden.

2 **Mögliche Lösung:**
Früher war es die Pflicht der Bewohner der Sahelzone, dass man die Bäume pflegte.
Später wurde es normal, dass man die Bäume einfach abholzte.
Die Staaten der Sahelzone müssen heute daran arbeiten, dass der Boden geschützt wird.

Eine Möglichkeit besteht darin, dass der Brennholzbedarf reduziert wird.
Das kann man dadurch schaffen, dass man Lehmöfen baut.
Eine afrikanische Feuerstelle zeichnet sich dadurch aus, dass man drei Steine auf die Erde legt und ein Feuer macht.
Ein Lehmofen führt dazu, dass man mit viel weniger Holz kocht.
Ein weiterer Vorteil ist, dass ein Ofen in Afrika gebaut werden kann und nicht viel kostet.

Seite 106

Zeichensetzung bei der wörtlichen Rede

1 a, b Zwei Schüler haben über das Problem der Wüstenausdehnung in Afrika recherchiert.
„Die Sahelzone, die sich südlich an die Sahara anschließt, kennen viele nur als Hungerkatastrophengebiet", meint Adrian. (C) Sein Lernpartner stellt klar: „Dabei war die Sahelzone lange die Kornkammer Afrikas." (A) „Dass die Wüste wächst, liegt daran", erklärt Adrian, „dass die Bauern immer mehr Holz geschlagen haben, um die Ackerflächen zu vergrößern." (B) Die Schüler verweisen auf ihren Artikel in der Schülerzeitung: „Lest einmal unseren Beitrag. Es gibt interessante Projekte zur Wiederaufforstung." (A)

2 a, b (wörtliche Rede, Redebegleitsatz)
In Tunesien hat sich eine junge Frau ein interessantes Projekt ausgedacht, das die Ausbreitung der Wüste verhindern und gleichzeitig den Frauen Arbeit geben soll. Sie setzt auf Akazien und erklärt die Vorteile des Baumes so: „Akazien haben stark entwickelte Wurzeln, die bis zu 100 Meter tief in der Erde nach Wasser suchen können. Damit ist der Baum für die Trockengebiete ideal." Zur Nutzung der Akazien meint sie: „Die Akazie produziert den Rohstoff für Kaugummi, und wenn Frauen diesen Stoff aus den Bäumen gewinnen, haben sie ein festes Einkommen." 2012 hat sie die erste Farm für Akazien gegründet. „Heute", sagt sie, „haben damit bereits 15 Frauen ihr Auskommen, und der Schatten der Bäume schützt das Land vor dem Austrocknen."
Andere Projekte wollen die Arbeitsweise der Bauern verändern. „Die besten Ideen kommen von den Bauern selbst", meint eine Umweltaktivistin. Manchmal hilft auch der Zufall. „Eine Witwe musste nach dem Tod ihres Mannes selbst pflügen, aber die Reihen wurden krumm und schief", erzählt eine Wissenschaftlerin aus Äthiopien. „Sie säte trotzdem und erntete mehr, weil in den schiefen Reihen das Wasser nicht so stark ablief", fährt sie fort.

Seite 107

Teste dich! – Zeichensetzung

1 Die Wüste wächst, aber es gibt erste Hoffnungsschimmer. (D)
Der Kampf gegen die Wüstenbildung, gegen Abholzung und Abtragung des Bodens ist eine der größten Herausforderungen in Afrika. (A)
Nur Bäume können letztlich die Austrocknung stoppen, denn sie halten den Wind ab und das Wasser im Boden. (B)
Sie sind so wichtig, weil sie Schatten bieten. (C) Außerdem locken sie Würmer und Insekten an(,) und ihre Blätter dienen als Dünger. (B)

2 Seit Jahrzehnten versuchen Wissenschaftler, Agrartechniker und Hilfsorganisationen die Ausbreitung der Wüste zu stoppen. Trockenperioden, Wasserknappheit und der wachsende Bedarf an Feuerholz beschleunigen diesen Prozess. Es ist deshalb kein Wunder, dass die Länder der Sahelzone wollen, dass wieder Bäume in der abgeholzten, trockenen Gegend wachsen.
In den letzten Jahren haben viele Wissenschaftler experimentiert. Sie haben Bäume gepflanzt, Windfänge errichtet, Zäune gezogen, aber die Ergebnisse waren kläglich: Mal knabberten Ziegen die jungen Triebe ab, dann fegte ein Sandsturm die Blätter von den Zweigen. Oft fällten die Bauern aber auch die Bäume, weil sie Feuerholz brauchten.

3 Im Humbo-Tal im afrikanischen Staat Niger hat man die Begrünung der trockenen Sahelzone auf unerwartete Weise geschafft. Ein Reporter fragt vor Ort nach: „Wie kommt es, dass es an Stellen, wo zuvor nichts mehr wuchs, nun wieder Tierfutter gibt?" Einer der anwesenden Bauern antwortet: „Wir haben wieder Baumschatten, der die Erde vor Austrocknung schützt." „Aber wie konnte man denn bei der Trockenheit neue Bäume pflanzen?", fragt der Reporter weiter. „Wir haben keine neuen Bäume gepflanzt, sondern unsere alten Baumstümpfe gepflegt", erklärt ein anderer Bauer, „damit sie wieder neue Triebe bilden können." Und er verkündet stolz: „Das hat uns den Erfolg gebracht." Ein anderer fügt erklärend hinzu: „Wir schneiden die jungen Triebe ab. Diese lassen wir einige Wochen auf dem Boden liegen. Durch diesen Schutz gegen die Austrocknung werden die Baumstümpfe wieder grün."

Ich teste meinen Lernstand

Seite 108

Test A – Sachtexte und Grafiken lesen und verstehen

1 D

Seite 109

2 richtig: B, D falsch: A, C

3 richtig: A 2, B 5, C 1, D 4, E 3

4 richtig: A, B falsch: C, D

Seite 110

Test B – Grammatik

1 a *(Possessivpronomen, Personalpronomen, Relativpronomen,* Demonstrativpronomen*)*
In unserem Text geht es um einen Jungen, der Dongdong heißt. Dieser wohnt in Peking.
b
A ~~Dongdong~~ *Er* hat wenig Zeit. Auch samstags geht ~~Dongdong~~ *er* in die Schule, die ~~Dongdong~~ *ihn* sehr fordert.
B ~~Dongdong~~ *Ihm* würde es gefallen, später als Wissenschaftler etwas Besonderes zu erfinden.

2 a, b Danach (*Z*), Anschließend (*Z*), schließlich (*Z*), dort (*O*)

3 a Präsens
b Hier *wohnte* Dongdong mit seiner Mutter. (*Präteritum*)
Hier *hat* Dongdong mit seiner Mutter *gewohnt*. (*Perfekt*)
Hier *hatte* Dongdong mit seiner Mutter *gewohnt*. (*Plusquamperfekt*)
Hier *wird* Dongdong mit seiner Mutter *wohnen*. (*Futur I*)
c Bei dem Verb „wohnen" handelt es sich um *ein schwaches Verb*.

4 a Satz A = Aktiv (A) Satz B = Passiv (P)
b A Roboter *werden* (von Dongdong) *gebaut*. B Dongdong *bastelt* auch Flugzeugmodelle.

5 a, b Seit einiger Zeit (*AB-Zeit*) hat (*P*) Dongdong (*S*) *wegen der Schule* (*AB-Grund*) *durch zusätzliche Aufgaben* (*AB-Grund*) wenig Zeit (*A*).

6 Dongdong beherrscht chinesische Schriftzeichen, *weil* er die Schreibung geübt hat. (*Kausalsatz*)
Dongdong beherrscht chinesische Schriftzeichen, *nachdem* er die Schreibung geübt hat. (*Temporalsatz*)

Seite 111

Test C – Rechtschreibung

1 a, b heißt (Z. 1, 4, 5) – heißen, rund (Z. 3) – runder als, klingt (Z. 7) – klingen, lebt (Z. 8) – leben

2 aufgeräumt – denn: Raum, Städte – denn: Stadt

3 a *ie* schreibt man, wenn die erste Silbe *offen ist*.
b Man muss das Wort zerlegen und dann verlängern. (schl*ieß*|lich – denn: schl*ieß*en)

4 ungefähr (Z. 37), mehr (Z. 38), Jahren (Z. 40)

5 a

Wörter mit *b, d* und *g*	Wörter mit Doppelkonsonant
wenig (Z. 43), anstrengend (Z. 45), nachmittags (Z. 46), unbedingt (Z. 55), Erfolg (Z. 55)	bekommt (Z. 48)

b Strategie *Verlängern*

6 a Artikel: der Schule (Z. 57), den Kurs (Z. 59), den Flugzeugmodellbaukurs (Z. 61–62), den Roboterbaukurs (Z. 62)
b Zahlwort: alle Nachhilfestunden (Z. 56)
c Adjektiv: chinesische Schriftzeichen (Z. 63–64), chinesische Medizin (Z. 67)

Seite 112

Test D – Einen Informationstext schreiben

1 b, c **Mögliche Lösung:**

Luftverschmutzung in chinesischen Großstädten

(1) Fakten zur Luftverschmutzung
- nur 1 % der Städte in China erfüllen die Luftqualität, die die EU als sicher betrachtet
- in frühen Morgenstunden ist Luftverschmutzung am stärksten

(2) Ursachen für die Luftverschmutzung
- Industrieabgase
- Heizungen
- zunehmender Autoverkehr

(3) Folgen der Luftverschmutzung
- Atemwegsleiden, Schlaganfälle und Herzerkrankungen besonders bei Alten, Kranken und Kindern

(4) Maßnahmen zum Schutz gegen die Luftverschmutzung
- Mundschutz
- App als Infoquelle für Feinstaubwerte

2 **Mögliche Lösung:**

Mundschutz gegen dicke Luft

Ein Mundschutz wird in chinesischen Großstädten bereits vom Großteil der Stadtbewohner getragen. Haben die Chinesen Angst vor ansteckenden Krankheiten? Wollen sie Gespräche mit anderen Stadtbewohnern vermeiden?
Im folgenden Text möchte ich euch darüber informieren, welches Ausmaß die Luftverschmutzung in chinesischen Großstädten angenommen hat, wodurch sie verursacht wird und welche Folgen sich für die Menschen daraus ergeben. Schließlich werde ich auch zwei Maßnahmen zum Schutz gegen die Luftverschmutzung nennen.
Der Smog über den chinesischen Städten ist enorm. In nur einem Prozent der Städte Chinas entspricht die Luftqualität den Vorgaben für europäische Städte. An einem normalen Dezembertag in Shanghai im Jahr 2015 lag die Luftqualität beispielsweise durchgehend im Bereich „sehr ungesund" und erreichte zwischen 1 und 8 Uhr morgens sogar den Bereich „alarmierend". Vor allem der zunehmende Autoverkehr, die Industrieabgase und die Heizungen der städtischen Bewohner tragen zu der extrem hohen Feinstaubbelastung der Luft bei. Die Folge dieser starken Luftverschmutzung sind gesundheitliche Probleme. Vor allem alte und kranke Menschen sowie Kinder sind die Leidtragenden. Sie riskieren Atemwegsleiden, Schlaganfälle und Herzerkrankungen. Schützen können sie sich nur, indem sie einen Mundschutz tragen. Außerdem können sie sich jederzeit mit einer App auf dem Smartphone über die aktuellen Feinstaubwerte in der Luft informieren.
Zusammenfassend kann man sagen, dass die Luftverschmutzung in chinesischen Großstädten bereits ein bedrohliches und gesundheitsschädliches Ausmaß angenommen hat und dringend etwas dagegen getan werden muss.

Test C – Rechtschreibung

1 **a** **Markiere in Abschnitt ❶ (▸ S. 108) vier Wörter, deren Schreibung man durch Verlängern erklären kann.** PUNKTE |4

b **Schreibe die Verlängerungswörter auf.** PUNKTE |4

____

2 **Begründe die Schreibung der Wörter *aufgeräumt* (Z. 17–18) und *Städte* (Z. 24) durch ihre Ableitungswörter.** PUNKTE |2

____

3 **a** **In Abschnitt ❷ finden sich die Wörter *spielen, riesig* und *viele*.**
Kreuze die richtige Aussage zur *ie*-Schreibung an: PUNKTE |1

☐ *ie* schreibt man, wenn die erste Silbe offen ist.
☐ *ie* schreibt man, wenn die erste Silbe geschlossen ist.

b **Erkläre die Schreibung des Wortes *schließlich* (Z. 63). Kreuze die richtige Aussage an.** PUNKTE |1

☐ Das *ie* steht in der ersten Silbe.
☐ Man muss das Wort zerlegen und dann verlängern.
☐ Es ist ein Ausnahmewort.

4 **Markiere in Abschnitt ❸ mindestens drei Merkwörter mit *h*.** PUNKTE |3

5 **In Abschnitt ❹ findest du sechs Wörter mit zwei und mehr Silben, deren Schreibweise am Wortende nicht eindeutig zu hören ist.**
a **Trage sie in die Tabelle ein und markiere jeweils die unklare Stelle.** PUNKTE |6

Wörter mit *b, d* und *g* am Wortende	Wörter mit Doppelkonsonant

b **Benenne die Strategie, mit der du die Schreibung begründen kannst:** ______________ PUNKTE |1

6 **Kennzeichne in Abschnitt ❺ die Nomen wie folgt:** PUNKTE |7
a **Unterstreiche die Nomen, die von einem Artikel begleitet werden.**
b **Umrahme die Nomen, die von einem Zahlwort begleitet werden.**
c **Umkreise die Nomen, die von einem Adjektiv begleitet werden.**

7 **a** **Prüfe deine Lösungen mit Hilfe des Lösungsheftes.**
Trage die Punkte neben den Aufgaben ein.
b **Übe die Aufgaben, bei denen du keine oder nur wenige Punkte erreicht hast.** GESAMT |29

Test D – Einen Informationstext schreiben

1 **Für die Schülerzeitung soll ein Informationstext über die Luftverschmutzung in chinesischen Großstädten verfasst werden.**

a **Betrachte und lies die folgenden Materialien und markiere wichtige Informationen.**

PUNKTE |5

Luftqualität in Shanghai am 14. Dezember 2015

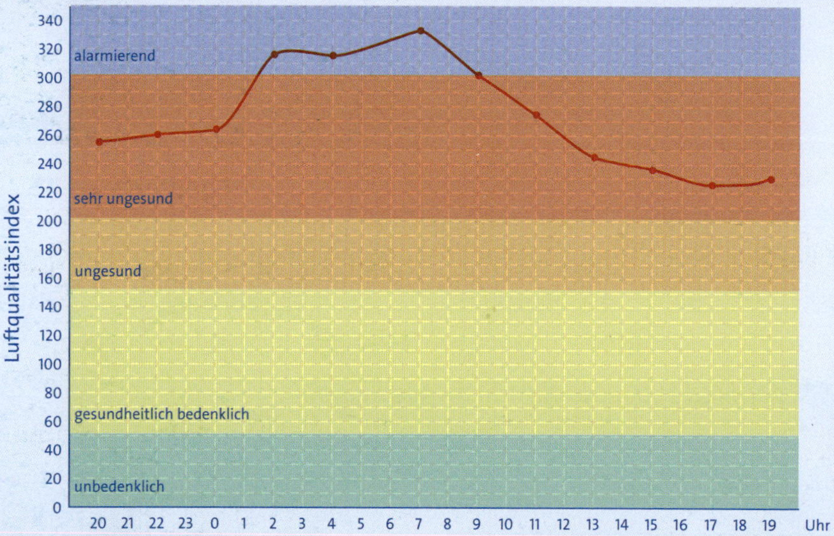

Industrieabgase, Heizungen und der zunehmende Autoverkehr sind die Verursacher der hohen Feinstaubbelastung der Luft.

Nur in etwa 1 Prozent der Städte in China erfüllt die Luftqualität den Standard, den die EU als sicher für die Bevölkerung betrachtet.

Menschen (vor allem Alte, Kranke und Kinder) riskieren Atemwegsleiden, Schlaganfälle und Herzerkrankungen.

Eine App für das Smartphone informiert die Bürger über die aktuellen Feinstaubwerte.

b **Übertrage die Mindmap ins Heft und ergänze darin stichwortartig wichtige Informationen aus den Materialien.**

PUNKTE |8

c **Nummeriere die Informationen in der Mindmap in der Reihenfolge, in der du im Text auf sie eingehen willst.**

2 **Verfasse mit Hilfe der Mindmap einen vollständigen Informationstext zum vorgegebenen Thema.**

PUNKTE |12

3 **Prüfe deinen Text mit Hilfe des Lösungsheftes. Trage die von dir erreichte Punktzahl ein.**

GESAMT |25